Elise Arndt

MÜTTER — HAUTNAH

Niemand kann ihre Liebe ersetzen

Verlag der
Francke-Buchhandlung GmbH
Marburg an der Lahn

CIP-Titelaufnahme der Deutschen Bibliothek

Arndt, Elise:
Mütter – hautnah : niemand kann ihre Liebe ersetzen / Elise Arndt.
[Dt. von Regine Celebcigil]. – Marburg an d. Lahn : Francke, 1989.
(Edition C : F, Brennpunkt die Familie ; Nr. 28)
Einheitssacht.: A mother's touch ‹dt.›
ISBN 3-88224-661-8
E: Edition C / F

Alle Rechte vorbehalten
Originaltitel: A Mother's Touch
© 1983 by SP Publications, Inc., Wheaton, USA
© der deutschsprachigen Ausgabe
1989 by Verlag der Francke-Buchhandlung GmbH
3550 Marburg an der Lahn
Deutsch von Regine Celebcigil
Umschlaggestaltung: Herybert Kassühlke
Satz: AHC-Software, Wetzlar
Druck: St.-Johannis-Druckerei, Lahr

Edition C, Nr. F 28

Inhalt

Nestwärme 7
Leihgabe, nicht Besitz 19
"Nur eine Mutter" 26
Morgenstern und Haferbrei 33
Leben in der Hingabe. 44
"Es tut mir leid" 57
Wie ein vielgeliebtes Einzelkind 70
Familientraditionen 82
Mutter gibt den Ton an 95
Vom Aufgang der Sonne 106
Wachsen in der Gnade 119
Eins mehr im Nest 127

Nestwärme

Was Muttersein im tiefsten bedeutet, wurde mir 1970 nach der Geburt unseres vierten Kindes, John, besonders bewußt. Mein Mann Warren und ich lebten damals als Missionare in einem Eingeborenendorf im Hochland von Neuguinea. Vier Kinder in fünf Jahren waren für dortige Verhältnisse nichts Ungewöhnliches. Für mich aber war alles, was mit Johns Geburt verbunden war, jenseits des Üblichen. Auch Elisabeth, unser drittes Kind, war in Neuguinea zur Welt gekommen, doch damals hatten wir uns noch ein wenig heimatlicher gefühlt, weil noch andere Missionare in der Nähe wohnten. Diesmal waren wir in einer ungewohnten Umgebung ganz auf uns selbst gestellt.

Für die Bewohner Neuguineas ist eine normale Geburt nicht viel mehr als eine anstrengende Arbeit, die man hinter sich bringt und für die eine Mutter nur eine kurze Erholungspause braucht. Die meisten Frauen bekommen ihre Babys noch im Busch, während Frauen aus Amerika und Europa, die in Neuguinea ansässig sind, im Krankenhaus entbinden. Doch auch diese werden gleich mehr ins Geschehen einbezogen als in ihren Heimatländern. Unmittelbar nach der Geburt bekommt die Mutter das Neugeborene in den Arm gelegt, wird in ihr Zimmer geleitet und übernimmt von diesem Moment an die volle Verantwortung für ihr Baby. Als ich mich mit Warren und unseren drei Kleinen, die bereits jetzt an mir zerrten, auf dem Weg vom Kreißsaal zu meinem Krankenhauszimmer befand, fühlte ich mich doch recht erschöpft. In den folgenden Tagen grübelte ich ständig über die schwere Verantwortung nach, die auf mich wartete. Würde ich damit fertig werden? War ich den Erwartungen meiner Kinder gewachsen? Da ich völlig unvorbereitet in eine solche Situation kam, konnte ich meine Lektion nur lernen, während ich sie beherzt in Angriff nahm.

Nachdem wir in unser Domizil im Busch der Pogera-Berge zurückgekehrt waren, wurde mir erst richtig bewußt, was es heißt, als Mutter ohne moderne Hilfsmittel und ohne Unterstützung von Freunden aus meinem Kulturkreis auskommen zu müssen. Ich ahnte damals noch nicht, daß jene Jahre unter den Ipilis für uns als Familie ... und auch für mich als Mutter ... zu einer äußerst wertvollen Lehrzeit werden würden.

Ich blicke voll Zärtlichkeit auf jene Jahre zurück und betrachte sie als meinen ganz speziellen Unterricht in der hohen Kunst mütterlicher Zuwendung, auf die sich die Ipili-Frauen so meisterhaft verstehen. In jener einfachen Umgebung lernte ich viele Grundsätze kennen, die mir halfen, meine Kinder zu glücklichen, selbstsicheren und unabhängigen jungen Menschen zu erziehen. Mein natürlicher Mutterinstinkt, den Gott in mich hineingelegt hat, wurde durch diese unverbildeten Menschen sehr gefördert.

Natürlich gab es immer wieder Augenblicke, in denen mich die ungewohnten Verhältnisse aus der Fassung bringen wollten. Dann schienen mich die Berge, von denen wir umgeben waren, wie eine unüberwindliche Mauer vom Rest der Welt auszuschließen. Ausgelöst durch die totale Abhängigkeit meiner Kinder von mir, geriet ich manches Mal unter einen solchen Druck, daß ich am liebsten davongelaufen wäre. Doch wohin, wenn man weit draußen im Busch zu Hause ist? Es gab kein Entrinnen für mich. Manchmal ging diese innere Anspannung bis an den Rand meiner Kraft.

Alles drehte sich um mich. Obwohl Papa gerne eingesprungen wäre, war ich die Nummer eins für meine Kinder. Ich war ihre Anlaufstation, egal, ob es sich um laufende Näschen, aufgeschürfte Knie, zerbrochenes Spielzeug oder zusätzliche Streicheleinheiten handelte. Ich hatte sie als Babys gestillt, ihnen vorgesungen und vorgelesen. Mich wollten sie in der Nähe wissen, nach mir riefen sie, wenn sie schlecht geträumt hatten oder nachts aufs Töpfchen mußten.

Moderne Errungenschaften wie fließendes warmes Wasser, Waschmaschine, Trockner, Telefon und Supermarkt standen mir nicht zur Verfügung. Ich konnte lediglich einen einfachen Holzofen vorweisen, der mir zum Kochen diente. Wie sollte ich unter diesen Umständen die mütterliche Perfektion erreichen, die ich mir einst zum Ziel gesetzt hatte?

An einem dieser wirklich düsteren Tage erhielt ich einen Brief von einer Missionsschwester, die unsere Außenstation kurz zuvor besucht hatte. Ihr war die enge Beziehung zwischen mir und meinen Kindern aufgefallen. Sobald ich mich bewegte, schienen sich meine vier Kleinen auch in Bewegung zu setzen. Fremden begegneten sie mit großer Zurückhaltung ... besonders wenn sie sich mit einem weißen Gesicht konfrontiert sahen. Die dunklen Gesichter der Einheimischen waren ihnen einfach vertrauter. Nun schrieb mir jene Schwester, sie sähe die seelische Entwicklung der Kinder durch deren enge Bindung an mich gefährdet.

Als ob ich nicht schon genug Probleme gehabt hätte! Jetzt mußte ich mich auch noch damit befassen. Doch wie sollte sich das ändern? Die Kinder hatten niemanden außer mir, zu dem sie eine engere Beziehung aufbauen konnten. Es gab keine Großeltern in der Nähe, zu denen sie nachmittags manchmal gehen konnten. Auch gab es weder Vorschule noch Babysitter, wo ich sie hätte lassen können. Ich hatte keine Möglichkeit, mich ihnen zu entziehen, nicht einmal für kurze Zeit. Nur das Badezimmer blieb mir als Refugium. Doch auch hier ließen meine Kleinen nicht lange auf sich warten: "Bitte laß' uns rein, Mutti! Bitte!" hörte ich sie klagen.

Sollte meine Freundin recht haben? Vielleicht waren die Kinder wirklich zu sehr auf mich fixiert. Ich sann auf Abhilfe. Im hinteren Teil des Hauses gab es einen leeren Raum, den wir als Kinderspielzimmer einrichteten. Vielleicht würde ihnen das helfen, unabhängiger von mir zu werden. Doch trotz aller Annehmlichkeiten, die dieser Raum aufwies ... sie nahmen ihr Spielzeug mit in die Küche und spielten zu meinen Füßen ...

Meine Kinder hatten viele einheimische Freunde. Immer wieder ermutigte ich sie, doch einmal im Haus ihrer Freunde zu spielen. Doch lange hielten sie es nie aus. Sie kamen in kurzen Abständen zurück, um sich zu vergewissern, daß ich auch wirklich noch zu Hause war. Ich habe keine Ahnung, an welchem anderen Platz ich ihrer Meinung nach hätte sein können. Mein Mann ging oft lange mit den Kindern spazieren. Unterwegs fragten sie auch dann immer wieder nach mir und wollten heim zu ihrer Mama. "Bestimmt hat sie Sehnsucht nach uns", meinten sie. Ein ernstes Problem tat sich vor mir auf. Würde ich meinen Kindern denn niemals Selbständigkeit beibringen können?

Wasoanda weiß Rat

Der innere Frust, den ich erlebte, brachte mich schließlich dazu, die Ipili-Frauen im Umgang mit ihren Kindern näher zu beobachten. Sie hatten nie Gelegenheit gehabt, psychologische Vorträge über Wege zur seelischen Gesundheit des Kindes zu hören, besaßen aber ein instinktives Empfinden dafür, wie man Kinder zur Selbständigkeit erzieht. Verglichen mit der Anhänglichkeit der Ipili-Kinder zu ihren Müttern, hielt sich die meiner Kinder in Grenzen. Nur selten waren die Ipili-Kinder von ihren Müttern getrennt. Entweder schliefen sie in Tragenetzen auf dem Rücken ihrer Mütter, saßen auf ihren Schultern oder lagen an ihrer Brust, um gestillt zu werden.

Kleinkinder wurden sehr lange gestillt ... manchmal bis zum Alter von vier Jahren. Arbeitete die Mutter auf dem Feld, war das Baby dabei. Gab es weinerliche Laute von sich, unterbrach Mutter sofort die Arbeit, um ihr Kind zu trösten und liebzuhaben. Babys Verdrießlichkeit bedeutete, daß etwas mit ihm nicht in Ordnung war. Äußerst selten habe ich Ipili-Kinder längere Zeit hindurch schreien gehört. Babys Tränen waren ein Zeichen für Kummer oder Krankheit, deshalb pflegten die Frauen zu mir zu sagen: "Laß dein Baby doch nicht weinen! Es bekommt Kopfschmerzen, wird krank und stirbt womöglich." In den Augen der Ipili-Frauen war es grausam, Babys lange schreien zu lassen.

Sobald Baby Hunger hatte, wurde die Arbeit unterbrochen - eine willkommene Abwechslung für die Mutter, die sich von der schweren Feldarbeit ein wenig erholen konnte. Während sie ihm die Brust gab und mit liebevoller, zärtlicher Stimme zu ihm sprach, strichen ihre Finger sanft über die Haut ihres Babys. Es war offensichtlich, daß beide diese Zeit miteinander genossen.

Die Ipili-Kinder waren äußerst abhängig von ihren Müttern. Mutter gab ihnen Sicherheit, Liebe und den nötigen Körperkontakt, der selbst im Schlaf nicht abriß. Diese große Verbundenheit zwischen Mutter und Kind - besonders in den ersten sechs Lebensjahren - hielten die Ipilis für notwendig, um lebenstüchtige junge Menschen aus ihnen zu machen.

Als junge Erwachsene erwiesen sie sich später als selbständige, liebevolle und erfolgreiche Glieder ihrer Gesellschaft. Die enge Verbundenheit in den prägenden ersten Jahren schien die Voraussetzung zu sein für ihre spätere Selbständigkeit.

Bis zum Verlust der Milchzähne galten Kinder bei den Ipilis noch als Babys. Danach verließen die kleinen Jungen des Stammes ihre Mütter, um bei ihren Vätern im Dorf zu leben. Von jetzt an lag die Erziehung der Jungen bei den Vätern und die der Mädchen bei den Müttern.

Wir hatten Wasoanda, eine ältere Ipili-Frau, als "Großmutter" für unsere Kinder adoptiert. Wasoanda war bestürzt über meine Idee, die Kinder unabhängiger von mir zu machen. Wie konnte ich nur auf solch einen Gedanken kommen! Ein Baby gehörte ganz nah zu seiner Mutter - , alles andere war grausam und unnatürlich für sie.

"Missis", sagte Wasoanda, "versuche nicht, die Kinder von dir wegzuschicken. Deine Babys sind noch zu klein dazu; sie brauchen dich. Wie kleine Vögel sind sie. Halte deine Flügel über sie, wie ein Vogel es mit seinen Jungen tut. Wenn die Kinder dann ihre Milchzähne verlieren, werden sie ihre eigenen Flügel ausbreiten und davonfliegen."

Während Wasoanda das sagte, hatte sie natürlich keine Ahnung von den Verhältnissen bei uns in Amerika. Sie wußte nicht, daß die Kinder bei uns im Alter von fünf oder sechs Jahren in den Kindergarten kommen, und daß dies in etwa die Zeit ist, in der sie ihre vorderen Schneidezähne verlieren.

Wasoanda wollte zum Ausdruck bringen, daß Kinder bis zu jenem großen Augenblick, in dem sie die Milchzähne verlieren, nichts dringlicher brauchen als Nestwärme - jene tröstende Nähe und Geborgenheit, wie sie nur eine Mutter zu geben vermag.

Mutter von Natur?

Psychologen und Pädiatriker legen heute besonderen Nachdruck auf die Wiederentdeckung einer intensiven Mutter-Kind-Beziehung, die besonders den Kindern in ihren ersten Lebensjahren zugute kommen sollte. Irgendwie ist die instinktive Art der mütterlichen Zuwendung im Laufe der letzten beiden Generationen durch die Philosophie ersetzt worden, Kinder müßten möglichst schnell heranwachsen und darauf vorbereitet werden, ihre Mütter früh zu verlassen. Der Mutter kommt infolgedessen im Leben eines Kindes nicht mehr der allergrößte Einfluß zu. Sie wird weitgehend ersetzt durch Tageskrippen und Babysitter, wobei ausgeklügelte Kinderprogramme dazu beitragen sollen, aus einem Kleinkind ein angepaßtes Glied der Gesellschaft zu machen.

Unsere Großmütter wären über die Art der modernen Kindererziehung entsetzt gewesen. Sie hätten ihre Methoden nicht wissenschaftlich begründen können; sie setzten lediglich in die Tat um, was sie in ihrem Inneren fühlten. Ihr Mutterinstinkt leitete sie, ein damals allgemein anerkannter Tatbestand. Unsere Großmütter wußten nicht, was nach wissenschaftlichem Standpunkt für die seelische Entwicklung der Kinder am besten war. Sie taten einfach, was ihnen selbstverständlich erschien, und das genügte ihnen.

Wie hätten sie über die komplizierten wissenschaftlichen Begriffe gestaunt, die unsere heutigen Psychologen den einfachen Dingen zwischen Mutter und Kind beigelegt haben, z. B. taktile und kinästhetische Stimulation, gegenseitiger Blickkontakt, durch Mutters Gesicht bewirkte visuelle Stimulation, auditive Rückwirkung und verschiedene Lächeln erzeugende Anreize. Großmutter hätte einfach gesagt:

- "Liebe beginnt in Mutters Armen."
- "Laß dein Baby so oft wie nur möglich deine Stimme hören."
- "Liebe, berühre und küsse es, so oft du willst."
- "Befürchte nicht, dein Kind zu verwöhnen."
- "Laß dein Baby nicht schreien. Es braucht dich und ruft auf diese Weise nach dir. Es weint nicht ohne Grund."

Großmutter wußte schon immer, daß ihr winziges Baby auf ihre Stimme mit einem Lächeln reagierte - und zwar entgegen der ärztlichen Meinung, es handele sich nur um ein flüchtiges Minenspiel.

Ihre Haltung als Mutter und die Wichtigkeit einer intensiven Mutter-Kind-Beziehung wurde von niemandem angezweifelt. Jeder wußte, daß es so zu sein hatte. Und weil diese enge Bindung etwas so Natürliches war, führte sie unter normalen Umständen auch zu einer stabilen und dauerhaften Liebesbeziehung zwischen Mutter und Kind, die bis ins Erwachsenenalter fortdauerte.

Dies steht im Gegensatz zu der inneren Unsicherheit, die viele Mütter heute angesichts ihrer Mutterrolle empfinden. Diese Unsicherheit wird durch die Medien und sozialkritische Hetzredner noch verstärkt. Der Mutter wird einfach nicht mehr zugebilligt, die erste und wichtigste Anlaufstelle für ihre Kinder zu sein, damit sie in der Geborgenheit heranwachsen und sich zu gesunden, fröhlichen Kindern entwickeln. Öffentlichen Einrichungen wird in bezug auf die Kindererziehung mehr Vertrauen entgegengebracht als dem instinktiven, ursprünglichen Verhalten der Mütter. Die Bedeutung der ersten Jahre im Leben eines Kindes kann nicht genug hervorgehoben werden. Nachlässigkeit auf diesem Gebiet kann im späteren Leben des Kindes zu fatalen seelischen Folgeschäden führen. Unangemessenes Verhalten und mangelnde Einsicht der Mütter kann bei den Kindern Lernschwierigkeiten, seelische Probleme sowie völlige Liebes- und Bindungsunfähigkeit zur Folge haben. Letzteres trifft heute auf viele Teenager zu. Hungrig nach Liebe und Zuwendung irren sie umher und wissen nicht, weshalb und wozu sie auf der Welt sind. Einige von ihnen versuchen, die innere Leere durch ein bewußt antiautoritäres oder anmaßendes Verhalten auszufüllen, andere betäuben sich mit Drogen und Sex. In seinem Buch "How To Really Love Your Teenager" (Deutscher Titel: „Teenager brauchen mehr Liebe") sagt Dr. Ross Campbell:

Viel zu viele Teenager haben heute den Eindruck, daß niemand sich wirklich um sie kümmert. Gefühle von Wertlosigkeit, Hoffnungslosigkeit und Hilflosigkeit sind die Folge. Ihre Selbstachtung sinkt, und sie beginnen sich selbst zu verachten.

Vielfach werden unsere heutigen Teenager als die "teilnahmslose Generation" bezeichnet. Warum ist das so? Weil so viele dieser jungen Menschen ein negatives Bild von sich haben und sich ungeliebt und wertlos fühlen. Ein solches Selbstbild ist die natürliche Folge mangelnder Liebe und Zuwendung.

Zwei der erschreckendsten Folgen dieser Apathie sind die Depression und der Widerstand gegen die Autorität. Lustlose Teenager dieser Art sind eine leichte Beute für skrupellose Menschen, die bemüht sind, Jugendliche für ihre eigenen Zwecke auszunutzen. Sie sind empfänglich für Einflüsse autoritärer Gruppen, die einfache Lösungen anbieten und Unmögliches versprechen (Victor Books, S. 9).

Von Beruf Mutter?

Für ein Kleinkind ist die warme, enge und beständige Verbindung zu seiner Mutter äußerst wichtig. Selbst kurze Trennungen oder Änderungen in der Beziehung von Mutter und Kind können die körperliche und seelische Entwicklung des Kindes negativ beeinflussen.

In ihrem Buch "Every Child's Birthright: In Defense of Mothering" (Das angestammte Recht jedes Kindes - Ein Wort zur Verteidigung der mütterlichen Zuwendung) warnt Selma Fraiberg vor den Auswirkungen fehlender Mutterliebe auf die nächste Generation. Sie schreibt:

Es läßt sich in unserer Gesellschaft eine solche Abwertung der elterlichen Fürsorge und Verantwortung für ihre Babys beobachten, daß dies auf die Qualität und Stabilität der zwischenmenschlichen Beziehungen dieser Kinder nicht voraussehbare, negative Auswirkungen haben kann.

Ein Baby, das wie ein Paket bei Nachbarn und Bekannten abgegeben wird, während Mutter arbeitet, lernt möglicherweise ebensoviele Betreuer kennen wie ein Kind in irgendeiner zweitrangigen Institution. Ist es dann ein oder zwei Jahre alt, kann es alle wesentlichen Merkmale seelischer Schäden aufweisen, die auch den Babys einer solchen Institution anhaften (Vorwort 10, 12, S. 54).

Mütterliche Zuwendung ist natürlich kein Allheilmittel für alle Familienprobleme, gibt es doch noch eine Menge anderer Faktoren, von denen die Entwicklung der Kinder abhängig ist. Für manche Schwierigkeiten liegt hier die Ursache. Eltern, die in den ersten Lebensjahren für ein stabiles seelisches und geistliches Fundament ihrer Kinder sorgen, können sich später viel Kummer ersparen. Wir sind verpflichtet, unseren Kindern alle Liebe und Fürsorge zu geben, die sie brauchen, um zu lebenstüchtigen Erwachsenen heranzureifen.

In der Bibel lesen wir: *"Erziehe den Knaben seinem Weg gemäß; er wird nicht davon weichen, auch wenn er älter wird" (Sprüche 22,6).* Die ersten Jahre sind für die Charakterbildung und Entwicklung des Kindes wichtiger als jede andere Lebenszeit.

Ein kriminell gewordener Junge, der die Welt vor einigen Jahren durch eine Reihe sinnloser Morde mit einer Pistole schockierte, schrieb in sein Gefängnistagebuch: "Ich habe gehört, daß Persönlichkeit und Charakter eines Menschen bereits im Alter von fünf Jahren ausgebildet sind. Im Leben eines Menschen sind fünf Jahre eine kurze Zeit (wenige Jahre und Monate). Doch wenn sich in dieser Zeit der Charakter bildet, der sein ganzes Leben so sehr beeinflußt, wie wichtig sind sie dann - und wie nachlässig sind hier die Eltern" (Masaru Ibuka, "Kindergarten Is Too Late" [Erziehung beginnt nicht erst im Kindergarten], Simon and Schuster, S. 22). In den letzten 40 Jahren hat die Zahl der arbeitenden Frauen drastisch zugenommen. 1910 waren es in den USA noch 20 Prozent, während die Zahl jetzt schon bei 50 Prozent liegt. Folgende Statistik, erhoben vom Städtischen Institut in Washington, D.C., erschien im November 1979 in der Zeitschrift "Nation's Business": Um das Jahr 1990 werden mehr als 55 Prozent aller Frauen im Alter von 16 Jahren und darüber berufstätig sein.

Die Statistik zeigt, daß es um 1990 52 Millionen arbeitende oder arbeitssuchende Frauen geben wird, wozu $^2/_3$ aller verheirateten Frauen unter 55 gehören, und mehr als die Hälfte aller Mütter mit Kleinkindern unter sechs. Verglichen mit 1947, entspricht dies einem Mehranteil von 1 Million arbeitender Frauen; nur 25 Prozent aller Frauen werden sich ausschließlich ihrer Familie widmen (S. 33).

In Redbook (Oktober 1980) war folgender Beitrag zu lesen:
Mehr als 50 Prozent der Frauen in den Vereinigten Staaten mit Kindern unter drei Jahren arbeiten heute zu ihrem eigenen Vorteil (entweder zur Einkommensverbesserung oder um sich einen gewissen Freiraum zu verschaffen). In solchen Familien kann es passieren, daß man kleine, verwundbare Kinder in völlig unzureichenden Betreuungsverhältnissen zurückläßt (S. 115).

Die Mütter von heute befinden sich in einer Zwickmühle: Sollen sie sich den 50 Prozent arbeitender Mütter in den USA anschließen, die ihre kleinen Kinder zu Hause lassen, oder sollen sie ganz auf die Berufstätigkeit verzichten?

Die Entscheidung für oder gegen eine Berufstätigkeit ist nicht leicht, besonders in Anbetracht der wirtschaftlichen Engpässe, mit denen wir heute konfrontiert sind. Die Inflation, ein ernstzunehmendes Thema in der Familie, erschwert das monatliche Auskommen immer mehr - besonders wenn die Familie sich vergrößert.

Für eine Mutter ist es ein echtes Opfer, mit der Berufstätigkeit aufzuhören. Es bedeutet manchen Verzicht, während berufstätige Frauen offensichtlich mehr Erfolg haben. Man sieht es an den neuen Teppichen, den neuen Möbeln oder dem Zweitwagen -, Dinge, die im Leben mancher Frauen einen wichtigen Platz einnehmen.

Doch auch die Berufstätigkeit der Mutter, die den Kindern ein besseres Leben ermöglichen will, fordert ihre Opfer. Wertvolle Augenblicke der Gemeinschaft mit den Kindern gehen unwiederbringlich verloren. Es kann auch bedeuten, daß später, wenn aus dem scheinbar so selbständigen Kleinkind ein Teenager geworden ist, ernste Probleme entstehen, weil Drogen oder falsche Freunde über das seelische Defizit hinwegtrösten sollen.

Ich weiß, daß es Situationen gibt, in denen man auch als Mutter von Kleinkindern arbeiten gehen muß. Wenn eine Mutter ihre Familie beispielsweise allein unterhalten muß, arbeitet sie, weil es nicht anders geht und nicht, weil sie sich Extrawünsche erfüllen will. Wenn sie wählen könnte, würde sie sicher lieber zu Hause bleiben. Ich glaube, daß Gott solchen Müttern besondere Gnade und Weisheit gibt und daß er selbst die Hand über diesen Kindern hält.

Wenn Sie als Mutter den Eindruck haben, nicht auf einen Ganztagsjob außer Haus verzichten zu können, sollten Sie Ihre Motive noch einmal überdenken. Auch ein Blick nach vorn wäre anzuraten, damit Sie sich klarwerden über die Kosten Ihrer Entscheidung. Fragen Sie sich, ob die Arbeit zum jetzigen Zeitpunkt das Risiko wert ist und ob Sie nicht damit warten können, bis die Kinder älter sind.

"Wenn eine Frau von 25 im Abstand von zwei Jahren zwei Kinder bekommt, die sie vollzeitlich versorgt, bis sie 18 sind, so bleiben ihr schätzungsweise noch $2/3$ ihres Erwachsenendaseins, um eigenen Interessen nachzugehen " (Pastoral Renewal, S. 19, Mai 1980). Ich habe viele Frauen getroffen, die auch später noch dazu kamen, eigenen Interessen nachzugehen und Erfolg zu haben.

Charakterbildung

Um die nötige emotionelle Bindung zwischen Mutter und Kind sicherzustellen, brauchen die Kinder soviel Zärtlichkeit und Liebe wie möglich. Manchmal wird die Ansicht vertreten, jeder sei geeignet, Kindern diese mütterliche Zuwendung zu geben. Das stimmt, aber nur in bezug auf die physischen Bedürfnisse des Kindes, und diese stellen nur einen Bruchteil des Gesamtbildes dar. Das Umsorgen eines Kindes umfaßt wesentlich mehr als Füttern, Waschen, Aufräumen und Windelnwechseln.

Zu diesen sich täglich wiederholenden Aufgaben kommt der wichtige Aspekt der Charakterbildung. Während Mutter sich um die körperlichen Bedürfnisse ihrer Kinder kümmert und sich ihnen auch in seelischer, geistiger und geistlicher Hinsicht zuwendet, lernen die Kinder, was es bedeutet, Teil der Familiengemeinschaft zu sein. Sie lernen, wie man sich im täglichen Miteinander verhält, bekommen eine Vorstellung davon, wer Gott und wer Jesus ist und lernen, Liebe zu geben und zu empfangen. Allmählich begreifen sie dann, wie man sich richtig oder falsch verhält und lernen, zwischen Gut und Böse zu unterscheiden.

Die Sorge um das körperliche Wohl der Kinder könnte von jeder bezahlten Hilfskraft übernommen werden, doch für alle übrigen Bereiche ist nur die Mutter zuständig. Hier ist der Grund zu suchen, weshalb ihre Rolle für das gesamte Leben ihrer Kinder so außerordentlich wichtig ist.

Jedes Kind hat das Recht auf diese Art mütterlicher Zuwendung. Es tut mir weh, wenn ich körperlich mißhandelte Kinder sehe - doch wer denkt an die vielen, die sich in einem seelisch-geistlichen Alarmzustand befinden, weil ihre Mütter außer Haus sind?

Gewöhnlich ist es die Mutter, die für die angemessene Atmosphäre sorgt, damit das Herz ihres Kindes sich für das Wirken des Heiligen Geistes öffnen kann. Der vollzeitliche Einsatz als Mutter darf in seiner Bedeutung deshalb niemals abgewertet werden. Wir sind verpflichtet, unseren Ruf als Mutter ernstzunehmen und dürfen ihn nicht als Job ansehen, den jeder andere ebensogut übernehmen könnte.

Der Einsatz lohnt sich!

Mütter mit Kleinkindern brauchen viel Ermutigung. Es ist keine dankbare Aufgabe, die sie haben. Eine große Verantwortung lastet auf ihnen, und manchmal kommt es ihnen vor, als seien sie sich selbst fremd geworden. Als meine Kinder alle noch klein waren und ich mich wieder einmal in einem Tief befand, brach es meinem Mann gegenüber einmal aus mir heraus: "Ich bin gar kein Mensch mehr! Die ganze Zeit habe ich nichts anderes zu tun, als mich um die Kleinen zu kümmern und ihre schmutzigen Pampers zu wechseln!"

Vielleicht ist es Ihnen auch schon so ergangen. Solche Gefühle von Selbstentfremdung sind bei Müttern von Kleinkindern nichts Ungewöhnliches. Doch als jemand, der diese Zeit hinter sich gebracht hat, kann ich Ihnen versprechen, daß jede Minute dieser scheinbaren "Gefangenschaft" sich lohnt.

Meine damals so fordernden, von mir abhängigen Nestlinge sind inzwischen flügge geworden. Einer nach dem anderen probiert seine Flügel aus und verläßt das Nest, weil er sich sicher und stark genug dazu fühlt. Die ganzen Jahre hindurch habe ich sie geliebt und umsorgt, und während ich das tat, wurden sie in die Lage versetzt, diese Liebe an eine Welt weiterzugeben, die so verzweifelt danach verlangt.

Heute gehen wir als Familie zusammen aus, lachen, spielen, planen und loben Gott. Wir genießen es, als Familie beisammen zu sein, und ich danke Gott für jene wichtigen ersten Jahre, in denen wir zubereitet wurden für den Lohn, den wir heute entgegennehmen dürfen.

Wasoandas Rat hat sich ausgezahlt. Ich werde noch viel Zeit für die Dinge haben, die Gott für mich geplant hat. Was ich jetzt brauche, ist Geduld. Alle großen Taten, die ich im Leben vollbringen könnte, wären gering im Vergleich zu dem Vorrecht, vier prachtvolle Kinder für Gott großziehen zu dürfen.

Bleiben Sie in der Nähe Ihrer Kleinen - je näher, desto besser. Gott wird Ihnen in seiner Gnade beistehen, damit Sie der Aufgabe gerecht werden. Wie schnell wachsen die Kinder heran! Sie werden als Mutter stolz sein, daß Sie maßgeblich zur Charakterbildung Ihrer Kinder beigetragen haben.

Es scheint einfacher, die Kindererziehung anderen zu überlassen. Doch dann werden Sie als Familie wohl den Tribut dafür zahlen müssen. Tun Sie, wozu Gott Sie als Mutter berufen hat! Der Segen entschädigt Sie für alle Mühe, wenn Sie erleben, wie Ihre Kinder sich so entwickeln, wie es dem Willen Gottes für sie entspricht.

Leihgabe, nicht Besitz

Wenn ein Kind stirbt, fragen wir uns betroffen nach dem Warum; und wenn die Eltern uns nahestehen, empfinden wir den Schmerz und die Trauer ebenso, als sei es unser eigenes Kind gewesen. Unsere menschliche Natur rebelliert dagegen, den Besitzanspruch abzutreten, den wir auf unsere Kinder zu haben meinen. Selbst Gott ist davon nicht ausgenommen, dem doch die Kinder rechtmäßig gehören.

Um die Weihnachtszeit des Jahres 1978 hatte ich mich erneut mit der Frage zu beschäftigen, wem meine Kinder eigentlich gehören. In einem Zeitraum von weniger als 16 Stunden verloren zwei Familien in unserer Gemeinde ein Kind.

John stand kurz vor dem Abschluß seines Hochschulstudiums. Sein Lebensweg begann sich abzuzeichnen. An einem kalten Wintertag, als er in der geschlossenen Garage an seinem neuen Auto arbeitete, verlor er durch das austretende Kohlenmonoxyd das Bewußtsein und starb bald darauf. Sechzehn Stunden später wurde der 13 jährige Eddie auf dem Schulhof getötet, als eine plötzliche Windboe ein dort stehendes kleines Gebäude zum Einsturz brachte und den Jungen unter sich begrub.

Mein Mann hatte als ihr Pastor die Aufgabe, die beiden Familien zu trösten und die Trauerfeier mit ihnen zu besprechen. Da sie unsere Freunde und Geschwister in Jesus Christus waren, fühlten wir uns durch diesen schrecklichen Verlust wie leergebrannt. "Warum, Herr? Warum dieser Schmerz? Warum in so jungem Alter? Warum geschieht das Menschen, die wir lieben und die dich lieben, Herr?"

Als Mutter von vier Kindern übertrug ich das alles auf meine eigene Situation. Was wäre, wenn dies meinem Paul oder David auf dem Spielplatz passiert wäre? Wie hätten Warren und ich uns angesichts einer bevorstehenden Beerdigung verhalten? Würde ich in der Lage sein, mit einem solchen Verlust fertigzuwerden?

"Bitte, Herr", betete ich, "erspare mir eine solche Prüfung. Ich könnte es einfach nicht ertragen." Menschlich gesehen war ich außerstande, mir so etwas auch nur vorzustellen, denn das hätte bedeutet, den Besitzanspruch auf meine Kinder aufzugeben.

Ich wußte, es gab jemand, der mich in meinem Schmerz verstehen würde: Mutter. Als ich sie anrief, fühlte sie trotz der weiten Entfernung, daß etwas nicht in Ordnung war. Und so begann ich, ihr mein Herz auszuschütten und allen Schmerz abzuladen, den ich gerade empfand. Ich erwähnte auch meine Angst vor dem möglichen Tod meiner eigenen Kinder.

In ihrer wunderbar ruhigen Art, der man die Gottesfurcht abspürte, sagte sie etwas, das mir im Hinblick auf meine Kinder eine große Hilfe war.

"Elise, unsere Kinder sind nur eine Leihgabe. Sie sind ein besonderer Segen Gottes für uns, doch sie sind nicht unser Besitz. Sie gehören dem Herrn. Wenn er sie heimrufen möchte, müssen wir bereit sein, sie in der Gewißheit loszulassen, daß wir alles getan haben, um sie auf diesen Augenblick vorzubereiten."

"Leihgabe, nicht Besitz" - Mutters Worte trafen ins Schwarze. In gewisser Beziehung, körperlich gesehen, gehörten die Kinder mir, denn ich war es ja gewesen, die sie geboren hatte. Doch der eigentliche Besitzer war der lebendige Gott.

Trotzdem - es war schwer einzusehen, daß die Kinder nicht wirklich mir gehörten. Schließlich hatte mein Körper sie mit allem versorgt, was sie für ihr Wachstum benötigten. Ich hatte sie gestillt. Und wie oft war ich nachts aufgestanden, um sie zu versorgen, wenn sie krank waren! Sie waren doch mein Fleisch und Blut, ein Teil von mir. Wenn ich sie verlor, war es bestimmt so, als würde ich einen Teil meiner selbst verlieren. Ich liebte meine Kinder so, daß mir der Gedanke unerträglich war, sie eines Tages hergeben zu müssen.

Die Glaubensprobe

An jenem schmerzerfüllten Tag flogen meine Gedanken in die Zeit zurück, die Warren und ich in Neuguinea verbracht hatten. Es schien alles so weit zurückzuliegen, und doch stand in jenen Augenblicken alles wieder greifbar vor mir. Es war kurz nach Johnnys Geburt. Seine drei Geschwister, die dem Baby einen königlichen Empfang bereiten wollten, hatten nach der Geburt auf uns gewartet. Als ich Johnny endlich ausgepackt hatte und sie Babys weiche Haut berühren durften, erreichte ihre Neugier den Höhepunkt. An

Händen und Füßen wurde eifrig nachgezählt, ob auch alle Finger und Zehen vorhanden waren. Sie küßten und knuddelten ihn und kamen gemeinsam zu dem Schluß, daß man ihn als Familienglied akzeptieren konnte. Johnny hatte den Test bestanden.

Ich fand es erstaunlich, wie schnell wir John liebgewannen. Kaum sechzig Minuten auf der Welt, gehörte er schon ganz zu uns. Was wir dort als Familie empfanden, verstärkte unsere Liebe füreinander noch. Wir nannten unseren kleinen Jungen John, d. h. "Gottes Gnadengabe".

Als John vier Wochen alt war, kehrten wir auf unsere Außenstation in den Pogera-Bergen zurück. Alles sollte endlich wieder seinen gewohnten Gang nehmen. Unsere vier Kleinen brauchten ihre eigenen Betten und ihr Spielzeug, und Warren mußte zurück an seine Arbeit. John schien es gut zu gehen, als wir das Krankenhaus verließen, doch zwei Tage später entwickelte sich bei ihm eine Lungenentzündung. Ich sah, wie sich bei ihm die gleichen Symptome zeigten, die ich bei den vielen Babys der Eingeborenen beobachtet hatte, die kürzlich an Lungenentzündung gestorben waren: hohes Fieber, Teilnahmslosigkeit und erschwertes Atmen. Als er schließlich aufhörte zu trinken und meine Stimme zu beachten, wußte ich, daß er schwer krank war.

Panik ergriff mich. War das eine Krankheit, die zum Tode führen konnte? Über Funk sprachen wir mit dem Krankenhaus und baten um Hilfe. John mußte zurück ins Krankenhaus, aber wie? Es war Abend. Kein Hubschrauber war vor dem nächsten Morgen in der Lage, uns hinzubringen. Vielleicht war es dann schon zu spät. Mich überfiel ein Gefühl der völligen Hilflosigkeit. Ich war sicher, daß wir das Baby verlieren würden. Keine meiner eigenen Bemühungen würde das verhindern. Es gab keine Hilfe - keine Ärzte, keine Krankenhäuser und keine Medizin. Nur Gott allein konnte eingreifen. Mein Mann und ich beteten, bis wir nicht mehr beten konnten. Unser Glaube war auf dem Nullpunkt angelangt, während wir mit Gott rangen: "Herr, du kannst doch unseren kleinen John nicht jetzt schon zu dir nehmen! Wir haben keine Chance gehabt, ihn heranwachsen zu sehen. Du siehst doch, wie wir schon nach vier Wochen an ihm hängen. Er ist ein Teil von uns. Er gehört uns." Während wir uns mit der Möglichkeit seines Todes auseinandersetzten, kämpfte John weiter um jeden mühsamen Atemzug.

In jener Nacht kamen die Ältesten der einheimischen Gemeinde, um uns geistlichen Beistand zu geben. Wir hatten aufgegeben. Doch als Warren und ich nicht mehr beten konnten, beteten die Ältesten um ein Wunder. Sie waren sicher, daß Gott uns durchbringen würde. Kraftlos wie ich war, nahm ich John in meine Arme und gab ihn ab an den Herrn. "Er gehört mir nicht, Herr", hörte ich mich sagen. "Er gehört dir, mach mit ihm, was dir gefällt. Wir haben ihn diese kurze Zeit hindurch geliebt, jetzt gebe ich ihn ab an dich."

Ich tat das unter Tränen, doch statt des wütenden Schmerzes empfand ich ein seltsames Gefühl der Erleichterung. Frieden erfüllte mein Herz, während ich John in meinen Armen hielt und jeden Augenblick erwartete, daß ihn der Herr zu sich nahm. Alle meine vermeintlichen Rechte als Mutter hatte ich dem Herrn abgegeben. Während ich John in meinen Armen wiegte, schloß ich die Augen und fiel in einen tiefen Schlaf.

Als ich nach ungefähr einer Stunde wieder erwachte, atmete John immer noch. Vor meinem Küchenfenster erhob sich der herrlichste Sonnenaufgang, den ich jemals erlebt habe. Unwillkürlich mußte ich an das Psalmwort denken: *"Am Abend kehrt Weinen ein, und am Morgen ist Jubel da" (Psalm 30,6)*. Und mit der aufgehenden Sonne, die mich begrüßte, hörte ich den Herrn zu mir sprechen: "Elise, alles wird gut. John wird leben! Du hast deinen Willen an mich ausgeliefert, und ich, weil ich gnädig bin, habe dir John zurückgegeben."

Ich fühlte mich, wie Abraham empfunden haben muß, nachdem Gott ihm befohlen hatte, ihm seinen Sohn Isaak auf dem Altar zu opfern. Erst als Abraham sich dem Willen Gottes unterworfen hatte, wurde Isaaks Leben geschont. Gott hatte auch für uns einen Ausweg bestimmt, doch ließ er ihn uns erst erfahren, nachdem wir die Glaubensprobe bestanden hatten.

An jenem Morgen machte sich ein Hubschrauber auf den Weg zu unserer einsamen Missionsstation. Alle zusammen wurden wir ins Missionskrankenhaus geflogen, wo John ärztlich behandelt wurde. Er kam durch! Gott bewahrte sein junges Leben. *"Um diesen Jungen habe ich gebetet, und der Herr hat mir meine Bitte erfüllt, die ich von ihm erbeten habe. So habe auch ich ihn dem Herrn wiedergegeben. All die Tage, die er lebt, soll er dem Herrn gehören" (1. Samuel 1, 27-28).*

Gehorsame Unterordnung

An dieses Erlebnis mußte ich denken, als meine Mutter von meinen Kindern als "Gottes Leihgabe" sprach. Gott hatte mich das schon vor Jahren gelehrt, doch ich mußte erst durch die Worte meiner Mutter wieder daran erinnert werden: "Elise, deine Kinder sind nur eine Leihgabe an dich. Weißt du nicht mehr, wie ich dich jeden Morgen vor der Schule verabschiedet habe? 'Gott sei heute bei dir und bewahre dich', habe ich dir mit auf den Weg gegeben."

Natürlich habe ich diese Worte als Kind gehört, aber ihren tiefen Sinn nicht wirklich verstanden. Sie gehörten einfach zum Tagesablauf. Erst jetzt begriff ich, daß sich hinter den Segensworten meiner Mutter ihr stilles Herzensgebet verbarg: "Herr, bitte bewahre meine Kleinen heute vor Unglück und Gefahr. Solltest du aber beschlossen haben, sie heute heimzuholen, dann bin ich bereit, sie dir abzugeben. Sie gehören nicht mir, sondern dir. Du hast sie mir nur ausgeliehen. Willst du ihnen aber noch einen weiteren Tag bei mir schenken, dann hilf mir, daß ich alles tue, um sie auf den Tag vorzubereiten, an dem du sie heimrufst zu dir."

Welch ein Gebet des Glaubens und welch demütiges Beugen unter den Willen Gottes! Unsere Mutter hatte ihre Besitzrechte abgegeben, damit das geschehen konnte, was Gott im Leben von uns Kindern für das Beste hielt.

Oft denke ich an Maria, die Mutter Jesu. Sie hatte bestimmt ähnliche Kämpfe zu bestehen wie wir. Jesus wurde ihr zwar geschenkt, aber er gehörte nicht ihr. Gleich zu Beginn wurde ihr das klargemacht. Er würde der Sohn Gottes sein, nicht "Marias Sohn". Als Erstgeborener mußte er entsprechend dem jüdischen Gesetz Gott geweiht werden, d.h. Gott für den Dienst zurückgegeben werden. Maria wußte, daß sie Jesus eines Tages abgeben mußte. Obwohl in ihrem Leib herangewachsen, an ihrer Brust genährt und geliebt wie ein eigenes Kind, war es ihr bewußt, daß sie Jesus dem Willen seines himmlischen Vaters überlassen mußte.

Jesus wurde nach acht Tagen von seinen Eltern in den Tempel gebracht. Der Geist Gottes bewirkte, daß auch Simeon, ein rechtschaffener und gottesfürchtiger Mann, an jenem Tag in den Tempel ging. Als er Jesus erblickte, wußte er sofort, daß er den verheißenen Messias vor sich hatte *(Lukas 2,33)*. Maria und Joseph waren über

Simeons Worte sehr erstaunt. Simeon segnete sie und sagte zu Maria: *"Siehe, dieser ist gesetzt zum Fall und Aufstehen vieler in Israel und zu einem Zeichen, dem widersprochen wird - aber auch deine eigene Seele wird ein Schwert durchdringen" (Lukas 2, 34-35).*

Maria wurde angekündigt, daß es mit tiefem Schmerz verbunden sein würde, die Mutter dieses von ihr so geliebten Kindes zu sein. Sie wußte um den frühen Tod ihres Sohnes, und ihre natürlichen Empfindungen als Mutter wollten dagegen aufbegehren. Doch in *Lukas 2,51* lesen wir, wie Maria mit dieser Offenbarung umging: *"Und seine Mutter bewahrte alle diese Worte in ihrem Herzen."*

Obwohl Maria ihren Besitzanspruch abgegeben hatte, erkannte sie, welch wichtige Aufgabe ihr zukam. Sie und Joseph hatten diesen kleinen Jungen auf Gott hin zu erziehen, ihn alles zu lehren, was ein jüdischer Junge wissen mußte und ihn auf den Augenblick seines Todes vorzubereiten.

"Das Kindlein aber wuchs und erstarkte, erfüllt mit Weisheit, und Gottes Gnade war auf ihm" (Lukas 2,40). Seine Eltern gaben ihm zur Formung seines menschlichen Charakters die nötige Unterweisung und Führung. Jesus war nicht nur Gott, sondern auch Mensch; ein Teil seines Lebens war im vollen Umfang menschlich. *"Er lernte, obwohl er Sohn war, an dem, was er litt, den Gehorsam" (Hebräer 5,8).* Jesus brauchte Unterweisung, und Gott erwählte Maria, um ihr das Vorrecht dieser Verantwortung zu übertragen.

Gott duldet keinen Aufschub

Mein Verhalten hat sich seit jenem Gespräch mit meiner Mutter weitgehend geändert. Die Erziehung meiner Kinder auf Christus hin wurde mir zusehends bewußter und bekam Vorrang. Die Zeit war kurz und duldete keinen Aufschub. Ich mußte meinen Kindern die Dinge Gottes nahebringen. Und so bekam die göttliche Unterweisung einen besonderen Platz in meiner Familie. Ich begriff immer mehr, daß Gott mein eigenes Leben als Werkzeug für meine Kinder benutzen wollte. Mein Leben sollte die Gemeinschaft mit dem Herrn widerspiegeln und ein Vorbild für meine Kinder sein. Das, was sie tagtäglich an mir erlebten, würde physische und geistliche Auswirkungen auf sie haben. Ich sehnte mich danach, vor dem

Herrn und vor meiner Familie ein reines Leben zu führen. Sie sollten spüren, daß Jesus bei mir den ersten Platz einnahm. So betete ich immer wieder: "Herr, bitte hilf mir, alles zu tun, damit ich sie auf die persönliche Begegnung mit dir vorbereite."

Die Zeit vor der Schule ist zu etwas ganz Besonderem für mich geworden. Frühmorgens versammeln wir uns, um aus Gottes Wort zu erfahren, was Gottes Geist uns an diesem speziellen Tag zu sagen hat. Manchmal ist es nur ein einziger Vers, den wir zusammen lesen, aber ich bete, daß er meine Kinder den ganzen Tag über begleitet. Gemeinsam übergeben wir den Tag Jesus und beten, daß er uns mit seinen Engeln beschützt. Dann bitten wir den Heiligen Geist, uns zu erleuchten, damit eine finstere und einsame Welt Jesus in uns sehen kann. Mit einem Kuß auf die Wange, einer herzlichen Umarmung und einem "Gott befohlen" begleite ich sie anschließend zur Tür und bin gewiß, daß ich sie für die Welt draußen richtig vorbereitet habe.

In meinem Herzen steigt dann dasselbe Gebet auf, das meine Mutter so oft für uns gebetet hat: "Herr, hilf mir an diesem Tag, daß ich nach deinem Willen lebe. Hilf mir durch die Kraft deines Heiligen Geistes, daß ich heute alles tue, damit ich meine Kinder auf ein Leben der Hingabe an dich und auf die Ewigkeit vorbereite. Ich übergebe sie dir und deinem Schutz, weil ich weiß, daß du sie mehr liebst, als ich sie jemals lieben könnte."

"Nur eine Mutter"

Vor einigen Jahren war ich zu einem Essen eingeladen, bei dem viele berufstätige Frauen zugegen waren. Ihre Kleidung war topmodisch. Die Gespräche begannen bei den Schwierigkeiten, die sie mit den Babysittern ihrer Kinder hatten, und endeten bei ihren jüngsten Erfahrungen in der beruflichen Praxis. Wie attraktiv erschien das alles: Sitzungen, Rechenschaftsberichte, Anerkennung für gute Leistungen ... Ein Anflug von Neid überkam mich. Meine Tage waren ausgefüllt mit kleinen Kindern. Ich mußte ihr Benehmen überwachen, sie ordentlich ernähren und kleiden und jedem von ihnen genug Zärtlichkeit und Zuwendung geben. Abends war ich meistens erschöpft, und oft stand ich unter dem Eindruck, nichts Rechtes zustandegebracht zu haben. Als ich mich so unter den geladenen Gästen umschaute, wurde ich das Gefühl einer gewissen Fremdheit nicht los. Diese Leute hier schienen mit wichtigeren Dingen beschäftigt zu sein als ich.

Ich befand mich inmitten einer Gesprächsrunde, bei der anfangs höfliche Belanglosigkeiten ausgetauscht wurden, bis man schließlich auf den eigenen Hintergrund zu sprechen kam.

Eine achtunggebietende Frau fragte unvermittelt über den Tisch hinweg: "Elise, was für eine Arbeit tun Sie?" Zunächst fühlte ich mich geschmeichelt. Ich hatte wohl den Eindruck einer berufstätigen Frau auf sie gemacht ... Doch dann dämmerte mir, daß ich ganz schnell überlegen mußte, um auf ihre herausfordernde Frage in rechter Weise zu reagieren.

Sollte ich antworten, daß ich sehr wohl einen Beruf hatte und daß dieser in meiner Aufgabe als Mutter bestand? Würde sie meine schon vor Jahren getroffene Entscheidung verstehen, mich ausschließlich meiner Familie zu widmen? Sollte ich davon sprechen, daß ich jeden Tag intensiv und lange in meinem selbstgewählten Beruf im Einsatz war? Würde sie begreifen, daß meine Tätigkeit als "Nur-Hausfrau" ebenso zeitraubend, anspruchsvoll und produktiv war wie die ihre als Karrierefrau?

Ich versuchte, mir einige nette Namen für meinen tagtäglichen Job zurechtzulegen. Doch Titel wie "Haus-Ingenieurin" oder "Spezialistin für häusliche Angelegenheiten" erschienen mir dann doch nicht angemessen. Und so antwortete ich in aller Schlichtheit: "Nein, ich arbeite nicht. Ich bin nur eine Mutter."

Ich begann mich zu fragen, warum es mir so schwerfiel zuzugeben, daß ich aus Überzeugung Mutter war. Befürchtete ich etwa, daß jemand, der sich dazu entschlossen hatte, den ganzen Tag bei seinen Kindern zu sein, der Welt nicht viel zu bieten hatte? War es denkbar, daß ich meine damals getroffene Entscheidung inzwischen in Frage stellte? Empfand ich den Glanz, der von den Berufen der mich umgebenden Frauen ausging, irgendwo als persönliche Bedrohung? Die Bedeutung meines Berufs als Mutter wurde an jenem Nachmittag auf ein Mindestmaß reduziert. Wie klein und unbedeutend kam ich mir vor! Vielleicht war mein Job doch nicht so wichtig, wie ich immer gedacht hatte.

Die direkte Frage jenes Nachmittags ließ mich neu über meinen Eigenwert als Mutter nachdenken. Man hatte mich herausgefordert, und ich war in die Defensive gegangen. Trotzdem hatte ich den Eindruck, daß es dringend an der Zeit war, mir neu darüber klarzuwerden, weshalb ich mich für den Mutterberuf entschieden hatte.

- Warum legte ich soviel Wert auf eine so selbstverständliche und gewöhnliche Aufgabe, wie sie tagtäglich von Millionen Frauen ohne Gehalt und Anerkennung ausgeführt wird?
- Warum hatte ich die Frage nach meinem Beruf wie etwas Peinliches, ja geradezu Bedrohliches empfunden?
- Und warum fühlte ich mich geradezu schuldig angesichts der Tatsache, daß ich meine Ausbildung nicht in einer außerhäuslichen Tätigkeit einsetzte?
- Wären mein Mann und meine Kinder stolzer auf mich, wenn ich berufstätig wäre?
- Wäre ich persönlich dann sicherer und produktiver?

Es brauchte nicht lange, um die Fragen in bezug auf meine Familie zu beantworten. Sie konnten die vielen Zweifel, mit denen ich zu kämpfen hatte, nicht nachempfinden. Als ich ihnen schließlich ankündigte, daß es für mich an der Zeit wäre, nach irgendeiner Arbeit Ausschau zu halten, konnten sie ihr Erschrecken nicht verbergen. "Wer weckt uns dann morgens rechtzeitig für die Schule, und wer macht uns das Frühstück?" war Johnnys und Elisabeths erste Reaktion. Dann waren Paul und David dran: "Bedeutet das, daß du nicht zu Hause bist, wenn wir aus der Schule kommen,

Mutti? Wer läßt uns dann rein?" fragten sie. Jetzt waren sie es, die es mit der Angst zu tun bekamen. Würde ihre Mutti arbeiten gehen und ihnen trotzdem das nötige Maß an Zuwendung geben können?

In den folgenden Wochen wurde mir bewußt, daß meine Kinder mich morgens nicht nur zum Wachwerden brauchten. Sie liebten es, wenn sie während des morgendlichen Waschrituals zärtlich geknuddelt und wegen ihrer Schlafmützigkeit von mir geneckt wurden. Es ging nicht allein darum, daß ich ihnen das Frühstück hinstellte. Sie brauchten mich zum Beispiel, um die Rechtschreibung einzelner Wörter noch einmal mit ihnen durchzusprechen und meine Zusicherung, daß sie bei genügend Fleiß in der nächsten Arbeit bestimmt eine prima Zensur heimbrächten. Sie brauchten es, daß ich mit ihnen sprach oder sie einfach noch ein wenig liebkoste, bevor der Schulalltag begann. Wäre ich frühmorgens schon fort zur Arbeit, würde mir die so wichtige Familienandacht fehlen. Ich könnte auch nicht miterleben, mit welcher Begeisterung meine Kinder um 4.00 Uhr nachmittags heimkamen, um mir zu erzählen, was sich alles während des Tages zugetragen hatte.

Ich sah wieder mit aller Deutlichkeit, daß ich niemand anders diese Arbeit tun lassen wollte. Ich identifizierte mich neu mit meinem Hausfrauenjob und wies jeden Gedanken von mir, anderen die Betreuung meiner Kinder zu überlassen.

Ich sah mich nicht nur als "Chefköchin" und "Flaschenreinigerin vom Dienst". Meine Aufgaben waren umfassend und abwechslungsreich. Ich stellte fest, daß ich achtzig verschiedene Dinge zu tun hatte, damit zu Hause alles richtig lief. Um nur einige zu nennen: Ich war Chauffeurin, Sekretärin, Krankenschwester, Lehrerin, Dekorateurin, Näherin, Köchin, Kindermädchen, Psychologin - alles in einem. Auch als Mechaniker und Klempner war ich ab und zu im Einsatz. Man hat 1981 das Durchschnittsgehalt einer Hausfrau mit 793,79 Dollar pro Woche beziffert (das sind 41000 Dollar im Jahr!), wenn man sie für alle geleistete Arbeit entlohnen würde.

In diesem Betrag sind alle die kleinen Extras, die eine Mutter ihrer Familie zukommen läßt, natürlich nicht enthalten: die Umarmungen und Küsse, das Vorlesen und Spielen, der Trost in kummervollen Stunden und die gemeinsame Freude, wenn das Zweijährige endlich sauber ist oder das Sechsjährige den ersten Zahn verloren hat. Das alles ist mit Geld nicht aufzuwiegen.

Ich kam zu dem Schluß, daß die Mutter zu Hause unentbehrlich ist. Sie gibt den Ton an und ist verantwortlich für die häusliche Atmosphäre. Ist die Liebe Gottes hinter allem zu spüren, kann das Heim zu einem gottgewirkten Ruheort werden, zu einem wahren Refugium für abgespannte Ehemänner und aufgedrehte Kinder, die Zuflucht suchen vor den satanischen Einflüssen der Welt um uns her. Welch eine wunderbare Erfahrung für jedes Kind, das ein Zuhause hat, in dem Liebe, Freundlichkeit und Freude den Ton angeben! Wenn eine Frau ihre Mutterrolle voll bejaht und Frieden mit Gott ihr Leben regiert, überträgt sich diese Haltung auch auf ihre Familie.

Kein noch so großer Betrag könnte eine Mutter jemals aufwiegen. Ein Kind, das auf die liebevolle Zuwendung seiner Mutter verzichten muß - besonders in den ersten Kindheitsjahren -, kann später Psychoneurosen und charakterliche Fehlhaltungen entwickeln. Dies gilt nicht nur für alleingelassene Kleinkinder, sondern auch für größere Kinder, die man längere Zeit hindurch Krabbelstuben, Tageskrippen oder Babysittern überläßt. Es ist unerläßlich, daß Sie sich die Folgen klarmachen, die Ihre Abwesenheit möglicherweise bei Ihren Kindern auslösen wird - besonders in den schwierigen Teenagerjahren.

Was Ihr Kind am nötigsten braucht, ist Ihre Zeit. Es sehnt sich danach, daß Sie sich als Mutter mit ihm beschäftigen. Es braucht Sie, damit Sie es anleiten, strafen, lehren und ihm die Liebe Jesu nahebringen. Eine Mutter, die oft außer Haus ist, kann diese Dinge nicht richtig vermitteln, die ein Kind so dringend braucht, um zu einem liebesfähigen, selbständigen und selbstsicheren jungen Menschen heranzuwachsen.

Die Wüstenjahre

Vielleicht sind Sie gerade in einer Lage, in der Sie befürchten, gewisse Rechte einzubüßen, unter anderem auch das Recht, sich zu einer Persönlichkeit zu entwickeln und die eigenen Fähigkeiten unter Beweis zu stellen. "Nur eine Mutter" zu sein, scheint für Sie einem Sklavendasein gleichzukommen. Wo bleibt das Prestige, das Gefühl, jemand zu sein, der in dieser Gesellschaft ein Wort mitzureden hat? Kommt das nicht einer persönlichen Herabsetzung gleich?

Die Jahre, in denen die Kinder noch klein sind, pflege ich als "Wüstenjahre" zu bezeichnen. Es ist jene Zeit, in der die Mutter die Annehmlichkeiten des Berufs gegen Berge von Hausarbeit und ständig quengelnde Babys eingetauscht hat. Es mag sein, daß Sie im Anschluß an Ihr Hochschulstudium einen akademischen Grad erworben haben. Vielleicht hatten Sie einen gutbezahlten Job, bevor Sie Mutter wurden. Man achtete und bewunderte Sie wegen Ihrer beruflichen Leistung. Sie konnten sich die Kleidung leisten, die Ihnen gefiel, mehrmals pro Woche essen gehen und Ihre Zeit beliebig einteilen. Jetzt sind Sie durch Ihre kleinen Kinder gebunden. Anerkennung und Lob sind rar gesät. Niemand ist da, der Ihnen anerkennend auf die Schulter schlägt, weil Sie sich die ganze Nacht um Ihr krankes Kind gekümmert haben oder immer wieder die schmutzigen Windeln waschen. Das Geld, das Sie sonst für Ihre eigene Garderobe einsetzen konnten, wird jetzt für neue Kinderschuhe verwandt, und selbst der längst fällige Wintermantel muß wegen offener Zahnarztrechnungen warten.

Wir vergessen leicht, daß jeder, den Gott berufen möchte, zunächst eine Art Wüstenzeit zu durchlaufen hat. Paulus *(Galater 1,15 bis 2,1)*, Moses *(Apostelgeschichte 7,40)*, Johannes der Täufer *(Lukas 1,80)* und sogar Jesus, der Sohn Gottes *(Lukas 4,1)*, machten diese Erfahrung.

Gott benutzt diese Wüstenzeiten in unserem Leben, um uns für etwas vorzubereiten, was er später mit uns vorhat. Weil das Eingesperrtsein in die eigenen vier Wände für eine Mutter so schwer zu verkraften ist und sie diese Zeit sogar manchmal wie eine Zeitvergeudung empfindet, haben viele Frauen in diesen Jahren mit dem Gefühl eines gewissen Unausgefülltseins zu kämpfen. Doch Gott ist an der Arbeit. Er will uns Mütter etwas lehren und auf Größeres vorbereiten. Vielleicht fällt es Ihnen schwer, sich das im Moment vorzustellen, wo die Kinder noch jeden Augenblick Ihrer Zeit beanspruchen. Doch eins ist sicher: Sie werden nicht immer Kleinkinder zu versorgen haben, die Ihnen am Rockzipfel hängen. Die Jahre gehen so schnell vorbei. Für mich waren die Wüstenjahre sehr wertvoll. Gott zeigte mir in dieser Zeit, wie ich als Christ zu leben hatte. Er entzog mich der Welt, damit ich in der Abgeschlossenheit von Ihm lernen sollte. Er lehrte mich zu beten, die Bibel zu lesen und auf seine Stimme zu hören. Ich lernte, ihm in den Schwierigkeiten des Alltags zu vertrauen. Dazu gehörte auch, daß er mich lehrte, sanft und freundlich zu bleiben, wenn ich in Versuchung kam, meine Kinder in Situationen, die alles andere als freundlich waren, unbeherrscht anzuschreien. Jesus gab mir Nachhilfeunterricht in der edlen Kunst des Dienens. Er lehrte mich, was es heißt, meinem Ich abzusterben und ihn in mir regieren zu lassen. Ich begriff, was Philipper 2,3-5 für mein persönliches Leben als Christ im tiefsten bedeutete: „*Tut nichts aus Eigennutz oder eitler Ruhmsucht, sondern achte einer den anderen höher als sich selbst; ein jeder sehe nicht auf das Seine, sondern ein jeder auch auf das der anderen.*"

Gottes Ruf genügt

Ich hatte das Gefühl, meine Wüstenjahre würden nie zu Ende gehen. Doch jetzt sind meine Kinder soweit, daß man ihnen schon selbst Verantwortung im Haus übertragen kann. Sie helfen bei der Wäsche, beim Bügeln, Saubermachen und Kochen und erlauben mir, mich der Frauenarbeit mehr als bisher zu widmen.

Doch was ich auch immer auf dieser Welt tun werde, für meine Kinder bleibe ich immer nur die Mutti. Heute verwirrt mich das kein bißchen mehr, denn als Mutter genieße ich das Recht und den Vorzug, eines der wichtigsten Elemente in der körperlichen, seelischen und geistlichen Entwicklung meiner Kinder zu sein. Ich weiß, daß niemand für diese Aufgabe besser geeignet wäre als ich. Durch die Gnade Gottes ist es eine Aufgabe gewesen, die ich bewältigen konnte. Sie hat sich ausgezahlt und uns Segnungen eingebracht, die sich bereits heute an unserem Familienleben ablesen lassen.

Vor einigen Jahren bat man mich, bei einer Konferenz die Leitung eines Workshops zu übernehmen. Ungefähr zweitausend Teilnehmer wurden erwartet. Ich fühlte mich geehrt und freute mich, meine Kinder aber konnten nicht begreifen, warum man mich dazu ausgewählt hatte. Noch mehr verwirrte es sie, als sie auf der ersten Seite eines Anzeigenblattes das Photo ihrer Mutter entdeckten, unter dem zu lesen war: "Elise Arndt, Ehefrau von Pastor Warren Arndt und Mutter von vier Kindern." Alle anderen Konferenzredner zeichneten sich durch bemerkenswerte Titel aus, selbst Professoren und Pastoren waren darunter. Ich war nur eine "Pastorenfrau und Mutter."

Es war schwer zu verstehen für meine Kinder, warum man mich auf der ersten Seite einer Zeitung abgebildet hatte. "Wieso erscheinst du in dieser Zeitung? Du bist doch bloß unsere Mutti und nicht einer von diesen Leuten!" Diese Bemerkung ärgerte mich, bis Gott durch sein Wort zu mir sprach. Mein Mann hielt damals eine Predigt über *1. Korinther 1, 26-29*, wo es heißt: „*Denn seht, eure Berufung, Brüder, daß es nicht viele Weise nach dem Fleisch, nicht viele Mächtige, nicht viele Edle sind; sondern das Törichte der Welt hat Gott auserwählt, damit er die Weisen zuschanden mache; und das Schwache der Welt hat Gott auserwählt, damit er das Starke zuschanden mache ... daß sich vor Gott kein Fleisch rühme.*"

Mit anderen Worten: Gott kann auch die Niemande gebrauchen. Nicht mein Diplom machte mich wertvoll für Gott, sondern daß er seine Arbeit in mir und durch mich tun konnte. Aus der Küche heraus hatte er mich in seinen Dienst gerufen. Ich brauchte mir um mein Renommee keine Sorgen zu machen. Gottes Ruf war genug.

So nahm ich an jener Konferenz teil und war dem Herrn in dem gehorsam, was er von mir verlangte. Ich war "nur eine Mutter", das entsprach den Tatsachen, doch eine, die Gott berufen hatte.

Im Laufe der Jahre habe ich stolz zu verkünden gelernt, daß ich aus freiem Entschluß in erster Linie Ehefrau und Mutter bin. Alle anderen Titel sind von zweitrangiger Bedeutung.

Morgenstern und Haferbrei

Der Digitalanzeiger meines Weckers zeigte 5.56 Uhr, als ich hinübergriff, um ihn abzuschalten. Sollte mein Tag wirklich so früh beginnen? Schließlich war die Sonne noch nicht einmal aufgegangen.

Ich versuchte, mich selbst von der Notwendigkeit zu überzeugen - immerhin war der Sommer vorbei und damit auch die Gelegenheit zum Ausschlafen. Mit Beginn des neuen Schuljahres war es unumgänglich, früher aufzustehen. Wecker, Dusche und Fön sangen ihr unvermeidliches Morgenlied. Welch ein Unterschied zu den faulen Sommerwochen, die wir alle genossen hatten!

Noch damit beschäftigt, ob mein Aufstehen wirklich für irgend jemand von Nutzen sein würde, fiel mir *Hebräer 12,11* ein, wo es heißt: *„Alle Züchtigung (engl. "Disziplin") scheint uns zwar für die Gegenwart nicht Freude, sondern Traurigkeit zu sein; nachher aber gibt sie denen, die durch sie geübt sind, die friedsame Frucht der Gerechtigkeit. Darum richtet auf die erschlafften Hände und die gelähmten Knie."*

Eine solche Anstrengung am frühen Morgen war keine freudige Angelegenheit. Meine Hände und Füße erschienen mir um diese Zeit wirklich schwach und kraftlos. Eines Tages würde auch ich in meinem Leben die "friedsame Frucht der Gerechtigkeit" ernten können, weil ich Gott in dem gehorchte, was er von mir als Mutter verlangte. Im Moment ging es einfach nur um den Gehorsam.

Der eisige Linoleumbelag unter meinen nackten Füßen ließ mich bibbern vor Kälte. Jetzt schnell zum Herd und einen heißen Kaffee gemacht!

In der Nacht war ein leichter Schnee gefallen. Am Fenster über dem Spülbecken in der Küche hatte der Frost Eisblumen gezaubert. Wie sehnte ich mich nach ein wenig wohliger Wärme! Doch auch den leuchtenden Blumen auf der Tapete gelang es nicht, mir dieses ersehnte Gefühl von Wärme zu geben. "Nur die aufgehende Sonne könnte das bewirken", dachte ich bei mir.

Ich wußte noch nicht, daß dieser spezielle Herbstmorgen des Jahres 1980 eine ganz besondere Bedeutung für mich bekommen sollte. Es war ein Morgen, an dem ich das segensreiche Ergebnis der vielen Stunden und Jahre sehen sollte, die ich investiert hatte, um meinen Kindern in jungen Jahren das Wort Gottes nahezubringen.

Während der Kaffee durchlief, füllte ich Wasser in einen Topf, um unseren obligaten Haferbrei zuzubereiten.

Da drang das Geräusch eines haltenden und anfahrenden großen Lastwagens an mein Ohr und machte mich hellwach. Hilfe, es war Abfalltag! Wir hatten vergessen, am Abend zuvor unsere Abfälle in die Mülltonne vorm Haus zu bringen. Der Müllwagen war nicht mehr weit. Bald würde er bei uns am Haus sein.

"Schnell!" rief ich den Jungen zu. "Der Abfall muß noch raus!" Sie knurrten ein wenig, zogen dann aber doch ihre Mäntel an und rannten zur Garage, um die Plastiktüten in die Mülltonne zu befördern.

Das Wasser auf dem Herd begann gerade zu kochen, als Paul und David aufgeregt ins Haus zurückgerannt kamen.

"Mutti, du mußt sofort mit rauskommen! Am Himmel ist etwas, das du unbedingt sehen mußt. Es ist heller als alles, was wir jemals gesehen haben." Meine Phantasie ging mit mir durch. War es vielleicht eine fliegende Untertasse oder sonst ein unbekanntes Flugobjekt? Was konnte das sein?

Eingehüllt in meinen Morgenmantel, lief ich schnell zur Haustür hinaus und blickte in östlicher Richtung zum Himmel empor, wo sich meinen erstaunten Augen ein wunderbarer Anblick bot. Am morgendlichen Himmel erstrahlte der größte und hellste Stern, den ich je gesehen hatte.

Es war ein herrlicher Anblick. Wie ein funkelnder Diamant auf einem Untergrund von schwarzem Samt durchbrach der Glanz dieses Sterns die Dunkelheit. Ich ging in die Küche zurück und kratzte die Eisschicht von meinem Fenster, um den herrlichen "Morgenstern" besser bewundern zu können.

Wollte Gott, der das gesamte Universum erschaffen hatte, mir an diesem Morgen eine weitere Lektion erteilen? War dies der Segen, den er für mich bereithielt, weil ich aus Gehorsam früh am Morgen mit meinen Kindern aufgestanden war? Versuchte Gott mir neu ins Bewußtsein zu rufen, daß auch der Morgen eine Zeit erfreulicher Überraschungen sein kann und eine Gelegenheit, ihm für seine Schöpfung zu danken?

Als meine Kinder am Tisch saßen, um ihren Porridge zu essen, nahm ich meine Bibel zur Hand. Ich wußte, daß Jesus darin als "heller Morgenstern" bezeichnet wird, und so schlug ich die betreffende Stelle auf und las sie meinen Kindern vor: *"Ich, Jesus, habe meinen Engel gesandt, euch diese Dinge für die Gemeinden zu bezeugen. Ich bin die Wurzel und das Geschlecht Davids, der glänzende Morgenstern" (Offenbarung 22, 16).*

Der Vers sprach mich sehr an, während er meine Kinder anfangs ganz kalt zu lassen schien. Sie zeigten mehr Interesse für ihren Haferbrei als für meine Begeisterung. Ich ließ aber nicht locker, und bald hatte ich ihre Aufmerksamkeit gewonnen, als ich das morgendliche Erlebnis auf unser Leben mit Gott und auf sein Wort bezog.

"Wußtet ihr", begann ich, "daß man den Stern, den wir heute morgen gesehen haben, als Morgenstern bezeichnet?" Noch immer zeigte die Haltung der Kinder wenig Veränderung.

Mir kam in den Sinn, daß ich einige Tage zuvor im Radio einen Bericht über den Morgenstern gehört hatte. So versuchte ich, ihnen das Gehörte zu erklären. "Jedes Jahr um diese Zeit erscheint der Morgenstern am östlichen Himmel. Bei diesem Stern handelt es sich in Wirklichkeit um den Planeten Venus. In den Sommermonaten, wenn er im Westen zu sehen ist, nennt man ihn den Abendstern. Manche halten ihn für den hellen Stern, der damals die Weisen aus dem Morgenland zum Jesuskind geführt hat." Jetzt endlich merkten die Kinder auf. Ich sprach noch über einige Nebensächlichkeiten mit ihnen, um dann endlich zum Kern der Sache zu kommen.

"Jesus ist unser 'Morgenstern'", erklärte ich ihnen. "Er erleuchtet unseren Tag mit seinem Glanz. Und alle dunklen Ecken unseres Wesens macht er hell, wenn er mit seinem Licht in unser Leben scheint. Er schenkt uns das Licht seiner Vergebung und Rettung. So wie der Morgenstern am dunklen Himmel doppelt hell erscheint, so wird auch das Licht Jesu in den dunklen Momenten unseres Lebens besonders hell in uns."

An diesem Morgen beteten wir, Jesus möge mit seinem Licht so hell in unser Leben leuchten wie der Morgenstern am dunklen Himmel. Das alles geschah ohne jede Planung und Vorbereitung, wirkte aber nachhaltiger als jede formelle Unterweisung. Das Erlebnis blieb meinen Kindern wochenlang gegenwärtig. Jeden Morgen gingen sie in die Küche, schabten die Eisschicht vom Fenster ab und hielten Ausschau nach dem Morgenstern.

Ich habe Gott oft für jene Erfahrung gedankt. Sie war mir auch eine Ermahnung dafür, daß ich im täglichen Umgang mit meinen Kindern keine Gelegenheit verpassen durfte, ihnen Gottes Wort lebendig zu machen. Die gesamte Schöpfung ist Ausdruck seiner Größe, doch wie oft nutzen wir die Lektionen nicht, die Gott uns damit anbietet.

Nutze die Gelegenheit

Meinen Kindern Gottes Wort anhand alltäglicher Begebenheiten nahezubringen, hat sich bei mir als eine der effektivsten Methoden erwiesen. Indem wir Gottes Macht und erhabene Größe ganz persönlich erlebten, wurde seine Liebe in unserer Familie zur lebendigen Wirklichkeit.

Letztes Jahr verbrachten wir unsere Sommerferien im Nordwesten Ontarios. Eines Nachts, als wir alle um ein Lagerfeuer herum am Strand lagen, blickten wir zu den Millionen von Sternen empor, die am klaren Nachthimmel miteinander zu wetteifern schienen. Wie klein fühlten wir uns angesichts der majestätischen Größe Gottes, die sich in seiner Schöpfung widerspiegelte! Ehrfurcht erfüllte unser Herz, als wir die Milchstraße über uns entdeckten - etwas, was wir zu Hause selten zu sehen bekamen. Psalm 19, Vers 1, kam uns in den Sinn, wo es heißt: *„Die Himmel erzählen die Herrlichkeit Gottes, und das Himmelsgewölbe verkündet seiner Hände Werk."*

Dann sprachen wir mit den Kindern über die ersten Verse in Psalm 18 und sagten ihnen, daß sie versuchen sollten, diese Augenblicke im Gedächtnis zu behalten und sich daran zu freuen. Es heißt ja in Gottes Wort, daß er uns schöner erschaffen hat als die Sterne am Himmel und daß er uns liebt, egal, wie unbedeutend und klein wir uns auch manchmal vorkommen. *„Herr, unser Herr, wie herrlich ist dein Name auf der ganzen Erde, der du deine Hoheit gelegt hast auf die Himmel. ... Wenn ich anschaue deine Himmel, deiner Finger Werk, den Mond und die Sterne, die du bereitet hast: Was ist der Mensch, daß du sein gedenkst, und des Menschen Sohn, daß du dich um ihn kümmerst? Denn du hast ihn wenig geringer gemacht als Engel, mit Herrlichkeit und Pracht krönst du ihn. Du machst ihn zum Herrscher über die Werke deiner Hände; alles hast du unter seine Füße gestellt"* (Psalm 8,1. 3-7).

Wir alle brauchen diese persönliche Begegnung mit Gott in unserem Alltag. Nur allzu leicht vergessen wir, daß Gott an unserem täglichen Leben teilhat und erlauben ihm nicht, durch einfache Dinge zu uns zu sprechen. In der Meinung, man könne nur auf intellektueller Basis etwas über Gott erfahren, verlassen sich viele auf Bibelkommentare, Bibelstunden, Predigten usw. Doch so wichtig das alles ist, sie sind kein Ersatz für die lebendige Gegenwart Jesu in unserem alltäglichen Leben.

Kleinkinder haben diesbezüglich keine Probleme. Alle Zeit gehört ihnen. Warum sollten sie sie dazu benutzen, einen Unterschied zwischen weltlichen und geistlichen Dingen zu machen? Für sie ist alles ein und dasselbe. Gerade deshalb ist es so wichtig, daß die Mutter mit ihren Kindern ebenso selbstverständlich über Gott spricht wie über das Essen, die Kleidung oder das Wetter. Wenn sie das tut, wird Gott realer und leichter faßbar für die Kinder. Die Folge ist, daß diese Gottes Wort ganz einfach und natürlich auf ihre Umgebung übertragen.

Kinder brauchen diese Konfrontation mit Gott in ihrem alltäglichen Leben. Sie müssen wissen, daß Jesus nicht irgendwo im Himmel oder in einem Kirchengebäude wohnt, sondern daß er immer bei ihnen ist. Kleinkinder sollten bereits verstehen, daß Jesus ein besonderer Gast am Mittagstisch ist, der jedes ihrer Worte hört. Er ist bei ihnen, wenn sie spielen, schlafen, sprechen oder spazierengehen. Er kennt alle Kinder mit Namen und hat sogar die Haare auf ihrem Kopf gezählt. Die Kinder müssen wissen, daß seine Liebe so groß ist, daß er sich um alles kümmert. Er weiß, wie sehr sie sich im Dunklen fürchten und wenn der Donner rollt. Er versteht auch, wie weh es tut, wenn man hinfällt und sich die Knie aufschürft.

Wir müssen den Kindern erzählen, daß alles zum Lob Gottes erschaffen wurde, die herrlich bunten Blumen ebenso wie die unbedeutenden kleinen Käfer. In ihrer unschuldig-einfachen Art werden die Kinder verstehen, wie sehr Gott seine Schöpfung liebt, zu der auch sie gehören.

Eine fröhliche Mutter

Meine Mutter bewies ein besonderes Talent darin, mir die Liebe Jesu im Alltag nahezubringen. Jede Erfahrung, die ich tagsüber machte, lehrte mich etwas Neues über Gott. Der Heilige Geist bewirkte durch meine Mutter in meinem Herzen eine kindgemäße Reaktion auf die Botschaft von der Liebe Gottes, die dann im Erwachsenenalter zu einer bewußten Hingabe an den Gott meiner Kindheit führte.

Als wir im Garten pflanzten, erzählte mir Mutter das Gleichnis vom Sämann (Lukas 8,5-15). Später beim Unkrautjäten, erklärte sie mir, daß die Sünde wie das Unkraut ist, das man herausreißen muß, damit die junge Pflanze darunter nicht erstickt. "Du bist diese junge Pflanze, mein Mädchen", sagte sie. "Man muß aufpassen und alles Unkraut aus seinem Herzen ausreißen". Oft ermutigte sie mich, Jesus meine Verfehlungen zu bekennen, damit er das Sündenunkraut aus meinem Leben beseitigen konnte.

Manchmal fühlte ich mich verletzt, weil man mir böse Worte nachgerufen oder mich zu Boden geschubst hatte. Mutter tröstete mich, nahm aber gleichzeitig die Gelegenheit wahr, mit mir über die Notwendigkeit der Vergebung zu sprechen. Während sie mich in den Armen hielt und meine Tränen fortwischte, legte sie mir die Worte Jesu ans Herz: *"Liebt eure Feinde; tut wohl denen, die euch hassen; segnet, die euch fluchen; betet für die, welche euch beleidigen" (Lukas 6,27)*. Obwohl mir das nicht immer gefiel, lehrte Mutter mich auf diese Weise eine der wichtigsten Lektionen im Umgang mit anderen Menschen.

Zu Ostern bekamen wir einmal von unserer Großmutter kleine Küken geschenkt. Wir brachten sie hinten im Hof in ein kleines Gehege und kümmerten uns sehr intensiv um sie. Als wir den Küken eines Tages beim Trinken zusahen, machte Mutter uns auf etwas Interessantes aufmerksam. "Seht ihr, wie sie nach jedem Schluck die Köpfchen heben?" sagte sie. "Tun sie es nicht, können sie das Wasser nicht hinunterschlucken." Mutter fand es an der Zeit, uns eine neue geistliche Lektion zu erteilen, und so fuhr sie fort: "Gott, der die Küken gemacht hat, hat sie auch zu seinem Lob erschaffen. Sieht es nicht aus, als höben sie die Köpfchen zum Himmel empor, um Gott für den Schluck Wasser zu danken? Wenn wir etwas Gutes zu essen und zu trinken haben, sagen wir ebenfalls Dankeschön zu Gott. Das ist der Grund, weshalb Vati vor dem Essen mit uns betet." Theologen würden diese Erklärung wohl kaum akzeptieren, aber für ein achtjähriges Kind ist sie völlig einsichtig.

Es geht in diesen Kapiteln oft um Dinge, die ich als Kind von meiner Mutter gelernt habe. Strenggenommen handelt das ganze Buch von ihr. Sie selbst hat ihre Lehrpraktiken niemals niedergeschrieben. Was sie tat, entsprang in ihren Augen einfach dem gesunden Menschenverstand. Es war die selbstverständliche und natürliche Auswirkung der Liebe Gottes in ihrem Herzen. Sie verstand es, auch tiefgehende Dinge einfach und verständlich darzulegen.

Diese Fähigkeit, uns die majestätische Größe Gottes anhand der natürlichen Schöpfung vor Augen zu führen, war mit Sicherheit ein Geschenk des Heiligen Geistes. Sie hatte etwas in sich, das sie veranlaßte, alles von einem geistlichen Standpunkt her zu betrachten. So gewannen die Dinge des Lebens eine besondere Bedeutung. Blumen waren nicht nur Blumen, und Käfer nicht nur Käfer; sie waren Gottes Werk, dem wir Beachtung und Respekt zu zollen hatten. Und ihm, dem Schöpfer, gebührte unser Lob.

Selbst über Dinge, die keiner sonst schön zu finden schien, äußerte sie sich in besonderer Weise. Ameisen und Schlangen achtete sie ebenso wie Hummeln und Schneeflocken. Alles hatte seinen Sinn. Selbst dunkle Wolken und Gewitter definierte Mutter als großartige Werke Gottes.

Libby, die fünfjährige Tochter einer Freundin, die mich einmal besuchte, hatte Schwierigkeiten mit dem Einschlafen. Ein Gewitter näherte sich, und das Geräusch des aufkommenden Windes machte ihr angst. Als ich meinen Kindern die Geschichte über das Gewitter weitergegeben hatte, die meine Mutter mir als Kind zu erzählen pflegte, war Libbys Mutter dabei gewesen. Bei ihren verzweifelten Bemühungen, ihr ängstliches kleines Mädchen zu beruhigen, kam sie zu mir ins Zimmer gelaufen und weckte mich. "Elise, bitte sei doch so gut und erkläre Libby die Sache mit dem Gewitter, wie du sie deinen eigenen Kindern erklärt hast!" - Während ich mit Libby in den Armen auf dem Bett lag und wir beide in Richtung auf das Fenster schauten, begann ich, ihr die vielgerühmte Gewittergeschichte zu erzählen.

Dabei wanderten meine Gedanken zurück in meine Kindheit, als Mutter uns nachts während eines aufziehenden Sturms so manches Mal im Wohnzimmer versammelt hatte. Vater hatte Nachtschicht, was ihre Angst vor starken Windböen und der Möglichkeit eines aufkommenden Tornados noch verstärkte. Er war nicht verfügbar, um ihr die Unruhe zu nehmen, die sie bedrängte. So nutzte Mutter als Gegengewicht gegen die Angst jeden Rest an Kreativität, der noch in ihr war, um den nahenden Sturm in etwas Positives zu verwandeln. Wir sollten lernen, unsere Angst zu überwinden und uns an dem Ereignis zu freuen.

Zu diesem Zweck führte Mutter uns alle an das Fenster unseres großen Wohnzimmers. Wie die Blitze aufleuchteten und der Wind die Baumwipfel niederbog! Der Donner war so laut, daß unser Haus davon zu erzittern schien. Während wir gebannt hinausschauten, überwältigt von der Größe Gottes, stellte Mutter ihr großartiges Können unter Beweis und erzählte uns von den Winden und ihren positiven Auswirkungen auf unsere Erde. Ein leises Zittern in ihrer Stimme machte ihr den Anfang nicht immer leicht, doch bald schon sprach sie mit fester Entschlossenheit. "Ist es nicht wunderbar, wie Gott der Welt seine Macht beweist?" sagte sie. "Selbst solche, die gar nichts von Gott wissen, schrecken auf und werden fragend. Wenn der Donner rollt und die Blitze zucken, sagt uns Gott, daß er immer noch im Regiment sitzt. Ist das nicht eine tolle Sache?"

Dann erzählte Mutter uns von den weiteren Vorzügen eines Gewitters. Jeder Sturm hat sein besonderes Gepräge. Der eine beginnt mit voller Wucht, der andere ist sanfter. Einmal kommt er schnell, das andere Mal läßt er sich Zeit. Mutter erklärte uns, daß Gottes besondere Methode darin besteht, durch ein Frühlingsgewitter all die winzigen Samen aufzuwecken, die wir in unserem Garten gesät hatten. "Auf diese Weise wird der Boden gelockert und Platz für die Wurzeln der jungen Pflanzen geschaffen, damit sie mehr Kraft haben, ihre kleinen Köpfe durch die Erde zu bohren", pflegte sie zu sagen. "Außerdem sind sie durstig, sie brauchen einen tüchtigen Schluck Wasser." In meiner Phantasie stellte ich mir jedes Pflänzchen vor, wie es den Kopf hochreckte, um eine schöne kühle Dusche abzubekommen und sich sattzutrinken. "Wie dankbar müssen sie Gott sein für den Regen", dachte ich.

So wenig Mutter die Blitze im Grunde mochte, sprach sie doch von dem Nutzen, den sie brachten, indem sie dem Boden und damit den Pflanzen den so wichtigen Stickstoff zuführten. Ihrer Meinung nach war ein Sturm für alle gut, selbst für die Vögel, die fröhlich in den Pfützen badeten.

Wir Kinder gewannen den Eindruck, daß wir nichts zu befürchten hatten, weil Gott über allem wachte. "Jesus hat Macht über Wind und Regen", erinnerte sie uns. Ganz nebenbei erzählte sie uns dann, wie Jesus Wind und Wellen gebot, als auf dem See Genezareth ein heftiger Sturm tobte *(Lukas 8,22-26)*. "Jesus brauchte nur zu sagen: 'Ruhe - sei still!'", erklärte sie, "und augenblicklich legte sich der Sturm. Die Jünger waren sehr erstaunt, daß selbst Wind und Wellen ihm gehorsam waren. Er sorgte für seine Freunde und benutzte seine Macht, um ihnen zu helfen."

Libby gefiel die Geschichte, die ich erzählte. Ihr Großvater war Farmer; er wäre bestimmt sehr dankbar für den Regen, und die im Frühjahr von ihm ausgesäten Samen wären es sicher auch. Bald darauf war die Kleine eingeschlafen; und ich dankte Gott ein weiteres Mal für meine Mutter, die mich das alles gelehrt hatte.

Einmal erzählte ich einem jungen Vater davon, worauf er meinte, Mutter hätte sich aber viel Arbeit gemacht, um uns Kindern etwas so Einfaches zu erklären. "Alles, was ich meinen Kindern über Gewitter erzähle, ist höchstens, daß es blitzt, weil die Engel Bowling spielen", sagte er.

Durch die Tatsache, daß Mutter mir Gottes Wirken so positiv nahebrachte, lernte ich die Natur lieben. Bis heute bin ich fasziniert von der Gewalt eines aufkommenden Sturms. Die Liebe und Geduld meiner Mutter und die Zeit, die sie sich für ihre kindgemäßen Erklärungen nahm, bewirkten in mir, daß ich auch solche Dinge liebte, vor denen ich mich sonst vermutlich sehr gefürchtet hätte.

Den Augenblick nutzen

Man sollte die christliche Unterweisung von Kindern angesichts alltäglicher Vorkommnisse nicht unterschätzen. Sie gehört zu den wirksamsten Methoden, die uns Müttern zur Verfügung stehen.

Jesus selbst war ein Meister in der Kunst des Unterweisens. Oft sprach er in Gleichnissen und bediente sich der Dinge in seiner Umgebung, um seinen geistlichen Kindern, den Jüngern, etwas zu verdeutlichen.

Im Konfirmandenunterricht lernte ich, daß es sich bei einem Gleichnis um "eine irdische Geschichte mit himmlischer Bedeutung" handelt. Jesus bezog sich zur Verdeutlichung geistlicher

Wahrheiten auf ganz natürliche Dinge: Weinstock und Reben, Hirten und Schafe, verlorene Münzen, Senfsamen, Feigenbaum, Braut, Bräutigam und Hochzeit. Er illustrierte seine Geschichten in bildhafter Weise, um seine Jünger für ein Leben in der Nachfolge vorzubereiten. Jesus möchte, daß wir glauben wie die Kinder. Intellektualismus ist nur dann von Nutzen, wenn er eine kindliche Reaktion auf den Anspruch Gottes bewirkt.

Diese Art, den Kindern Gottes Wort nahezubringen, läßt sich nicht aus dem Ärmel schütteln. Man braucht Zeit dazu. Es kann bedeuten, daß eine Mutter mehrmals am Tag ihre Arbeit unterbrechen muß, um spezielle Vorkommnisse für die Unterweisung ihrer Kinder zu nutzen. Abwaschen und Staubwischen können warten. Gottes Wort hat Vorrang. Sollten Sie diese Unterbrechungen als störend empfinden, dann bedenken Sie bitte, daß Sie in diesen Augenblicken Ihren Kindern geistliche Wahrheiten vermitteln, die Auswirkungen haben werden auf ihr geistliches Leben.

Diese Unterrichtsform wird auch durch die Tatsache erschwert, daß es uns Erwachsenen oft so schwerfällt, Kindern unseren Glauben auf originelle Weise nahezubringen. Wir scheuen uns ohnehin, anderen Einblick in unser Innerstes zu gewähren. Um so mehr befremdet es uns, wenn von uns verlangt wird, in kindgemäßer Weise über geistliche Dinge zu sprechen.

Obwohl ich in einem Heim aufgewachsen bin, wo mit großer Selbstverständlichkeit über Gottes Wort gesprochen wurde, fällt mir dies bei meinen eigenen Kindern noch manchmal schwer. Es hat Übung und recht viel Anstrengung erfordert, bis ich endlich in der Lage war, die persönliche Beziehung zwischen Jesus und mir in Worte zu fassen. Manches Mal bin ich mir dabei dumm vorgekommen, und es hätte mich sehr in Verlegenheit gebracht, wenn jemand anderes als meine Kinder mir zugehört hätten. Erwachsene tun sich einfach schwer, wenn es darum geht, sich in dieser Weise mitzuteilen.

Es ist außerordentlich wichtig, daß Sie früh beginnen, Ihre Kinder geistlich zu unterweisen. Warten Sie nicht, bis sie alt genug sind für die Sonntagsschule. Beginnen Sie bereits im Säuglingsalter damit. Je früher Sie anfangen und diese Art des Unterrichts kontinuierlich weiterführen, desto leichter lassen sich die Kinder als trotzig-verschlossene Teenager mit der Botschaft erreichen.

Als meine Kinder erst wenige Tage auf der Welt waren, flüsterte ich ihnen bereits ins Ohr, wie sehr Jesus sie liebt. Ich sang ihnen auch Jesuslieder vor, obwohl ich wußte, daß sie die Bedeutung mit ihrem Verstand noch nicht erfassen konnten. Aber ich glaubte einfach, daß sie etwas von der Liebe Gottes spüren würden, die sich dahinter verbarg, und daß ich sie damit auf den Tag vorbereitete, an dem sie sich persönlich für Jesus entscheiden würden.

Indem ich häufig mit meinen Kindern über den Heiland sprach, übte ich mich darin, meiner Liebe zu Gott in kindgemäßer Weise Ausdruck zu geben, etwas, was ich bis dahin wenig praktiziert hatte.

Wir haben ein großes Bild von Jesus zu Hause, ein Promotionsgeschenk einer lieben Tante, das bei uns in der Wohnung schon immer einen Ehrenplatz hatte. Alle unsere Kinder kennen dieses Bild, denn sobald sie in der Lage waren, ihre Umwelt bewußt wahrzunehmen, haben mein Mann und ich sie damit konfrontiert und ihnen gesagt, daß Jesus sie liebt.

Bei uns zu Hause lernten die Kinder, wie man die Hände faltet und den Kopf neigt zum Gebet. Ihr erstes Gebet hieß "Abba", ein aramäisches Wort, das Jesus für seinen himmlischen Vater gebrauchte. Dieses zweisilbige Wort war der Beginn ihres Gebetslebens. Obwohl sie noch klein waren, spürten sie etwas von der Wichtigkeit des Gebets. Wenn wir manchmal schnell fort wollten oder etwas Dringendes vorhatten, vergaßen wir in der Eile manchmal das Tischgebet. Unsere Kleinen aber blieben mit gefalteten Händen sitzen und warteten, bis wir gebetet hatten. Selbst Saft und Plätzchen wurden ohne Dankgebet nicht angerührt.

Sobald sie sprechen konnten, lehrten wir sie den Namen Jesus und ermutigten sie, ihn sanft und liebevoll auszusprechen, um ihm damit ihre Liebe zu zeigen.

Auch die Musik war ein wichtiger Bestandteil jener ersten Jahre. Die Kinder liebten es, mit uns zu singen und lernten Lieder wie "Jesus liebt mich" und "Mein kleines Evangeliumslicht".

Indem ich bei meinen kleinen Kindern in dieser Weise für ein geistliches Fundament sorgte, hatte ich es leichter, mit ihnen im Gespräch zu bleiben, als sie zu Teenagern herangewachsen waren. Unser gemeinsames "Morgenstern-Erlebnis" hätte sonst wohl kaum stattgefunden.

Leben in der Hingabe

Wenn christliche Familien den Wunsch haben nach einer täglichen gemeinsamen Andacht, werden sie die Erfahrung machen, daß sich dem manches entgegenstellt. Schuldbewußt geben deshalb viele ihre diesbezüglichen Versuche auf.

Eine Familienandacht, in der gemeinsam gebetet und Gottes Wort gelesen wird, ist ein erstrebenswertes Ziel. Doch es gibt noch eine andere effektive und bedeutsame Möglichkeit, Gottes Wort zu vermitteln. Mose sprach davon, als er den Israeliten die zehn Gebote gab: *„Und du sollst sie (diese Worte) deinen Kindern einschärfen, und du sollst davon reden, wenn du in deinem Hause sitzt und wenn du auf dem Weg gehst, wenn du dich hinlegst und wenn du aufstehst (5. Mose 6,7)."*

5. Mose 6 sollte für uns alle ein Trost sein, die wir ernsthaft versuchen, unseren Kindern das Wort Gottes nahezubringen und doch immer wieder mit unseren Zeitplänen in Konflikt geraten. In diesem Kapitel finden wir eine Anleitung zur Hingabe, damit wir Tag für Tag entsprechend seinem Wort leben und es vom frühen Morgen bis zum Schlafengehen an unsere Kinder weitergeben.

Das Leben in der Hingabe beinhaltet unter anderem, daß wir geistliche Wahrheiten anhand alltäglicher Ereignisse vermitteln. An unserem Handeln soll Gottes Wort abzulesen sein. Je länger wir uns bemühen, in jeder Periode des Tages nach Möglichkeiten der Verkündigung zu suchen, werden unsere Sinne geschärft, und unser Einfallsreichtum wächst.

Für uns alle wäre das durchführbar, wir wissen aber auch, daß das alles schwerer ist, als es klingt. Das Leben geht seinen gewohnten Gang. Und in unserem Inneren vollzieht sich ein ständiger Kampf - werde ich tun, was ich will, oder unterstelle ich mich dem Willen Gottes? Das Einzigartige am Christentum ist, daß Gott uns die Entscheidung überläßt. Er zwingt uns seinen Willen nicht auf, sondern möchte, daß wir uns freiwillig für seinen Weg entscheiden und dann die Segnungen empfangen, die sein Wort uns verheißt. Ich hoffe und wünsche, daß dieses Buch eine Hilfe für Sie wird, Gott in den alltäglichen Dingen zu entdecken und Ihre Beobachtungen an Ihre Kinder weiterzugeben.

Werden wie die Kinder

Vom geistlichen Leben in meinem Elternhaus ist mir am besten in Erinnerung geblieben, wie Mutter zum Beispiel ihren Glauben in völlig unkomplizierter Weise zum Ausdruck brachte und ihm für die Segnungen dankte, die er ihr zukommen ließ. Unsere täglichen Erlebnisse pflegte sie mit Bibelworten zu untermalen. Das waren keine geplanten Lektionen; sie waren einfach ein selbstverständlicher Ausdruck ihres eigenen Lebens. Meine Kindheit war so voll von Erfahrungen dieser Art, daß ich es ganz natürlich fand, mich anderen in gleicher Weise mitzuteilen.

Niemals hat Mutter meine Reaktionen abgeblockt, im Gegenteil, sie freute sich, wenn ich die Freiheit besaß, meine kindliche Liebe zu Gott in ungehemmter Weise zum Ausdruck zu bringen. Ich erwähne das, weil Mütter ihre kleinen Kinder ermutigen sollten, ihrer Liebe zu Jesus Ausdruck zu verleihen - auch wenn es in den Augen Erwachsener unnötig oder dumm erscheinen sollte, was sie tun.

Kleine Kinder sind in ihren Gedanken und Gefühlen noch unvoreingenommen und empfänglich für die Dinge Gottes. Sie wollen soviel wie möglich von Gottes Liebe in sich aufnehmen und das Gehörte auch weitergeben - oft mit viel Charme und Einfallsreichtum. Bei mir sprudelte es als Kind oft so heraus, daß ich von der Sonntagsschule nach Hause tanzte und Jesus selbsterfundene Lieder über seine Blumen und Vöglein vorsang. Manchmal tanzte ich im Kreis herum, dann wieder beobachtete ich einen Käfer, der gerade über den Bürgersteig krabbelte. Ich hatte einen wachen Blick für Gottes Schöpfung und für seine Liebe zu mir bekommen. Gott und ich - wir verlebten eine wundervolle Zeit miteinander. Bis heute nehmen diese Erlebnisse einen ganz besonderen Platz in meiner Erinnerung ein. Als Erwachsene neigen wir gewöhnlich zu großer Zurückhaltung, wenn es darum geht, unserer Liebe zum Herrn Ausdruck zu geben. Wir wurden jedoch erschaffen, um ihn zu loben, ja es heißt, daß wir in unserem Glauben "wie die Kinder" werden sollen. Kann das nicht bedeuten, daß wir auch in bezug auf das Lob Gottes von den Kindern lernen sollten? Wir unterdrücken diese kindlich-natürlichen Reaktionen einfach, weil wir überzeugt sind, daß sie in der Welt der Erwachsenen nichts mehr zu suchen haben.

Im Anschluß an eine Ferienbibelschule rief mich eine Mutter bezüglich ihrer fünfjährigen Tochter an, die gerade das Lied "Ich habe Freude, Freude, Freude, Freude in meinem Herzen" gelernt hatte. Nach dem Mittagessen war die Kleine hinausgegangen, um ein wenig zu schaukeln. Dabei hörte man sie aus vollen Kräften das neue Lied singen. Eine ganze Weile ging das so, bis die Mutter den Eindruck hatte, mehr als eine Stimme zu hören - ein ganzer Chor kleiner Stimmen drang an ihr Ohr. Tatsächlich! Eine Gruppe von Kindern hatte sich in ihrem Hof versammelt, um das Lied ebenfalls zu lernen. Die Unbefangenheit ihrer kleinen Tochter hatte Kreise gezogen.

Je früher, desto besser

Wenn die Kinder größer werden, geht ihnen diese ungezwungene Natürlichkeit verloren. Als Heranwachsende haben sie nicht nur mit inneren Veränderungen zu kämpfen, Veränderungen körperlicher und seelischer Art, auch im geistlichen Bereich bahnen sich Veränderungen an, die wir nicht unterschätzen sollten. Als Teenager wollen sie ihre Unabhängigkeit unter Beweis stellen, was man besonders an ihrer Reaktion auf unsere Vorschläge ablesen kann. Unsere einst so lieben, mitteilsamen Söhne und Töchter kapseln sich ab - die Kommunikation erreicht ihren Nullpunkt. Diese besteht eher aus Brummen und Seufzen, als aus verständlichen Worten. Charlie Shedd bezeichnet diese Zeit der inneren Verschlossenheit als "Höhlenjahre". In dieser Zeit pflegen sich die Jugendlichen nur selten über ihren Glauben zu äußern. Jeder Sonntagsschullehrer der unteren Gymnasialklassen wird das bestätigen können.

Unsere vier Kinder haben diese Phase alle hinter sich. Anstatt sich emotionell und unbefangen über Glaubensdinge zu äußern, wurden sie plötzlich seltsam verlegen, als wollten sie sagen: "O Mutti! Muß das sein?"

Das Fehlen verbaler Kommunikation in dieser Zeit wirkt beunruhigend auf viele Eltern, die möchten, daß ihre heranwachsenden Kinder ebenso reagieren wie früher. Reaktionen wie: "Bitte, lies mir noch eine Geschichte von Jesus vor!" oder ein begeistertes: "Mutti, ich habe Jesus ja so lieb!" gibt es nicht mehr.

In dieser Zeit denken die jungen Teenager sehr viel nach. Sie wachsen heran, wollen selbst Entscheidungen treffen und sich in einer Weise äußern, die ihrer eigenen Persönlichkeit entspricht. Der Heilige Geist arbeitet an ihnen, damit sie eines Tages selbst auf die Liebe Jesu reagieren, die ihnen schon von frühester Kindheit an nahegebracht worden ist.

Wenn Sie mit der Unterweisung warten, bis Ihre Kinder größer sind, haben Sie es sehr viel schwerer. Ich sage nicht, daß es unmöglich ist, doch es wird mehr Zeit beanspruchen, Ihnen viel mehr Ausdauer abverlangen und längst nicht soviel Spaß machen.

Entscheiden Sie sich, jetzt damit anzufangen. Sie werden Ihren Kindern nicht nur die nötige Grundlage für ein verbindliches Leben als Christen mitgeben, sondern sich gleichzeitig darin üben, selbst ihren Glauben weiterzugeben. Glauben Sie mir, es ist wesentlich leichter, mit einem Kleinkind das erste Mal über Glaubensdinge zu sprechen als mit einem Teenager.

Außerdem gewöhnen sich Ihre Kinder daran, daß Sie über geistliche Dinge sprechen und werden das bei Ihnen als etwas ganz Normales empfinden.

Sie gehen einem aufregenden Abenteuer entgegen. Der Heilige Geist wird Sie so erfinderisch und kreativ machen, daß Sie staunen werden. Er wird Ihnen die Augen öffnen für die vielen Möglichkeiten, die Ihnen offenstehen.

Hemmungen überwinden

Vielleicht ist es von Nutzen, die Hindernisse zu kennen, die viele von uns zu überwinden haben, bevor sie in den Genuß eines geistlich ausgerichteten Lebens kommen können.

Das erste Hindernis besteht in einer gewissen Gehemmtheit, wenn es darum geht, uns in geistlicher Weise zu äußern. Unsere Zunge muß sich erst daran gewöhnen. Geistliche Aussprüche wie: "Danke, Jesus, für die Sonne, die Schneeflocken, die Blumen", oder "Jesus liebt dich", "Gott segne dich", "Gott sei mit dir" fehlen oft gänzlich in unserem Wortschatz. Wir müssen uns darin üben, solche Sätze auszusprechen, bis es uns nichts mehr ausmacht.

Auch mir fiel es anfangs schwer, doch je länger ich übte, desto leichter wurde es. Zunächst begann ich damit, mit jedem meiner Kleinen zu beten und ihnen zu sagen, wie sehr Jesus sie liebt. Vor dem Schlafengehen legte ich ihnen die Hände auf und flüsterte: "Gott behüte dich". Als sie größer wurden, war ihre Reaktion darauf immer sehr positiv. Das machte mir Mut. Sie liebten es, wenn ich über Jesus sprach und sie seine Liebe in mir spüren konnten. Während sie sich eng an mich schmiegten, wich auch der letzte Rest von Befangenheit von mir.

Es war von Vorteil für mich, daß die Kinder noch so klein waren. Sie waren zu jung zum Kritisieren. Für sie gehörten diese kurzen Sätze schon bald zu meiner Redeweise, und ich hatte meine diesbezüglichen Hemmungen endgültig überwunden. Heute ist meinen Teenagern mein "Gott segne dich" oder "Gott behüte dich", das ich ihnen vor der Schule oder vor einer Verabredung mit auf den Weg gebe, etwas ganz Selbstverständliches.

Ein weiteres Hindernis, mit dem wir zu kämpfen haben, ist unsere Ungeduld. Wir wollen, daß alles sofort geschieht. Wenn Sie ganz am Anfang stehen, ist es wichtig, daß Sie zunächst mit Jesus sprechen und sein Wort lesen. Schon bald werden Sie dann erleben, wie "Ströme lebendigen Wassers" in Ihnen aufbrechen, die Sie selbst zu Ihren Kindern weiterleiten möchten.

Vielleicht liegt der Grund für Ihre Schwierigkeiten in der geistlichen Kommunikation mit Ihren Kindern darin, daß Sie sich außerstande fühlen, die Dinge mit Ihren Augen zu sehen. Als Erwachsene fühlen wir uns sehr unwohl und gehemmt, wenn wir geistliche Dinge gefühlsmäßig vermitteln sollen. Viele Vergleiche und Bilder, die ich zur Verdeutlichung geistlicher Wahrheiten bei meinen Kindern verwende, mögen in den Augen mancher Erwachsener albern erscheinen. Ein falschverstandener Intellektualismus kann schuld daran sein, daß Erwachsene vor einer kindgemäßen Ausdrucksweise und Bildersprache zurückschrecken.

Sich eine Mutter vorzustellen, die mit ihren Kleinen auf dem Schoß mitten in der Küche auf dem Fußboden sitzt und mit ihnen Loblieder singt, scheint manchen schwerzufallen. Aber Kinder begeistert es, Gott für Blumen, winzige Käfer und für Gewitter zu preisen. So etwas hinterläßt unvergeßliche Eindrücke.

Wenn Sie neu damit anfangen, Ihren Kindern geistliche Kost zu verabreichen, sollten Sie dreierlei beachten:

Bemühen Sie sich, Jesus in Ihrer Stillen Zeit besser kennenzulernen.

Machen Sie sich klar, daß Ihnen die geistliche Kommunikation mit Ihren Kindern nicht einfach in den Schoß fällt, sondern daß sie Übung erfordert.

Fangen Sie damit an, wenn die Kinder noch sehr klein sind.

Viele meiner Vorschläge in diesem Buch haben sich bei meinen Kindern bewährt. Abgesehen von ihrem Unterrichtswert haben sie viel Freude gemacht und bei uns allen wertvolle Eindrücke hinterlassen. Manches Mal hat diese Art der geistlichen Kommunikation Licht in unsere Dunkelheit gebracht. Wo wir auch hingingen: Jesus war uns immer nah. Er war da, wenn in unserem Haus geweint wurde, er war da, wenn wir im Garten arbeiteten oder im Auto saßen - auch dann, wenn es manchmal mitten auf einer Kreuzung streikte. Er war auch in den stillen Zeiten bei uns, wenn wir uns lieb hatten und füreinander sorgten.

Es kann sein, daß nicht alle meine Vorschläge den Bedürfnissen Ihrer Familie entsprechen. Gott arbeitet ja immer ganz individuell; er wird deshalb auch wissen, was Ihre Familie braucht. Betrachten Sie meine Gedanken einfach nur als Anregung für Ihre ganz persönliche Art der geistlichen Kommunikation mit Ihren Kindern.

Wie schön ist die Welt!

In seinem Buch "Celebration of Discipline" (Es lebe die Disziplin!) bemerkt Richard J. Foster, daß Christen oft keinen Blick haben für die Schönheit der von Gott erschaffenen Natur. Wir halten so vieles für selbstverständlich und machen selten einmal halt, um die Schönheit um uns her wirklich wahrzunehmen. In unserem technologischen Zeitalter haben viele eher einen Blick für die Wunderwelt der Computer als für die unendliche Vielfalt der göttlichen Schöpfung.

Foster betont, daß "Gott, der Himmel und Erde erschaffen hat, seine Schöpfung dazu benutzt, um uns etwas von seiner Herrlichkeit zu zeigen und uns Anteil zu geben an seinem Leben" (Harper and Row, S. 25). Durch die Natur spricht Gott schon seit Urzeiten zu uns Menschen, doch sind wir meistens nicht lange genug still, um darauf zu hören.

David spricht in den Psalmen oft davon, daß die ganze Schöpfung Gott preist. In Psalm 148 heißt es, daß die Himmel und Engel, die Sonne, der Mond und die Sterne Gott loben. Auch die Erde stimmt mit ein in den Lobpreis Gottes. Die Wasserungeheuer, Feuer und Hagel, Schnee und Nebel, Sturmwind, Berge und Hügel, Obstbäume, Wild und Vieh, Gewürm und gefiederte Vögel, Könige der Erde, junge Männer, Jungfrauen, Alte und Junge - *"sie sollen loben den Namen des Herrn, seine Hoheit ist über Erde und Himmel" (V. 13).*

Wer in der Stadt lebt, hat es schwerer, die Spuren Gottes in seiner Umgebung wahrzunehmen. Was er sieht, sind schmutzig-grauer Schnee, Müllwagen, umzäunte Höfe, betonierte Straßen und Bürgersteige, überfüllte Einkaufsstraßen und auf mehreren Ebenen verlaufende Schnellstraßen. Für viele unsichtbar versinkt die Sonne hinter den Hochhäusern, und die unreine Luft macht den Blick zu den Sternen fast unmöglich.

Ich sehne mich oft nach all der Schönheit, die uns in Neuguinea umgab. Die Wasserfälle in den Bergen, die auf- und untergehende Sonne - alles war herrlich und ließ uns an Gott, den Schöpfer, denken. In der Trockenzeit war der Himmel übersät mit Billionen funkelnder Sterne. Es gab eine riesige Auswahl an Wildblumen, und die Bäche sangen ihr munteres Loblied, während sie die Berghänge entlangrauschten.

Die industrielle Welt lag in weiter Entfernung. Gottes Macht und majestätische Größe manifestierten sich in unserer unmittelbaren Umgebung. Wohin wir auch blickten, sang die Natur ein Loblied auf ihren Schöpfer. Wir erlebten Gottes Macht, als der Boden bei einem Erdbeben unter uns schwankte und zitterte und erinnerten uns an seine Güte, als das Beben aufhörte und wir endlich wieder aufatmen konnten.

Stadtbewohner können verschiedenes planen, damit auch ihre Kinder empfänglich werden für die Liebe Gottes, die sich in seiner Schöpfung offenbart. Einige Frauen, die tagsüber keinen Wagen zur Verfügung hatten, organisierten zu diesem Zweck ein Treffen in einem nahegelegenen Park. Eine Mutter fand es in dem betreffenden Park aber nicht so schön und ruhig, wie es wünschenswert gewesen wäre. Sie entschied sich deshalb, ab und zu einen Picknickkorb zu packen und mit ihren Kindern auf dem nahen Friedhof spazierenzugehen. Mit Erdnußbutter-Sandwiches in den Händen bestaunten die Kleinen die Vögel und Blumen und freuten sich an all der stillen Schönheit.

Manche mögen den Friedhof für einen seltsamen Ausflugsort halten. Sie fürchten vermutlich die Konfrontation mit dem Tod oder haben den Friedhof als Schauplatz der meisten Geistergeschichten in Erinnerung. Natürlich wollen wir unseren Kindern keine Angst machen. Doch an einem solchen Ort haben wir Gelegenheit, mit ihnen nicht nur über die Natur, sondern auch über die Auferstehung von den Toten zu sprechen, die Jesus allen zugesagt hat, die an ihn glauben.

Ein Spaziergang oder eine Fahrt durch den buntgefärbten Herbstwald ist zu empfehlen, um den Kindern eine Ahnung von Gottes gestalterischen Kräften zu geben. Als unsere Kinder klein waren, haben wir ihnen oft erklärt, daß die Verwandlung der Blätter einem wunderschönen Bild gleichkommt, das Gott für uns entwirft.

Sie können Ihren Kindern sagen, in welch wunderbarer Weise Gott für seine Schöpfung sorgt. *„Er zählt die Zahl der Sterne; er nennt sie alle mit Namen. Groß ist unser Herr und reich an Macht..., der die Himmel mit Wolken bedeckt und Regen bereitet der Erde; der Gras sprossen läßt auf den Bergen; der dem Vieh sein Futter gibt, den jungen Raben, wonach sie schreien"* (Psalm 147,4-5, 8-9).

Gott liebt die Tiere und kümmert sich um sie. Kein Spatz fällt je ohne sein Wissen zur Erde. Er liebt junge Hunde, Eichhörnchen und selbst die winzigen Ameisen. Sie alle haben zu essen und einen Platz, an dem sie sicher sind.

Ich wurde als Kind gelehrt, niemals ein Tier zu mißhandeln oder böswillig leiden zu lassen. Manchmal verirrte sich im Sommer eine Hornisse oder Biene zu uns ins Haus. Dann nahm Mutter sich oft die Zeit, sie mit einem Tuch einzufangen und aus dem Fenster zu schütteln, damit sie wieder frei waren. Wie einfach wäre es gewesen, sie zu töten. Aber Mutter klärte uns darüber auf, daß Gott die Bienen und Wespen zur Bestäubung der Blumen und Pflanzen erschaffen hatte.

Meine Kinder haben oft die Ameisen bei ihrer Arbeit beobachtet und die Emsigkeit bewundert, mit der sie Eßbares in ihre unterirdischen Behausungen schafften. Ich erklärte ihnen dann, daß Gott uns dazu bestimmt hat, ebenso fleißig zu sein wie die Ameisen, weil auch die Arbeit ein Geschenk Gottes ist. In Sprüche 6,6-8 steht geschrieben: *„Geh hin zur Ameise, du Fauler, sieh ihre Wege an und werde weise! Sie, die keinen Anführer, Aufseher und Gebieter hat, sie bereitet im Sommer ihr Brot, sammelt in der Ernte ihre Nahrung."*

Eines Morgens, nachdem in unserer Gegend ein heftiger Regen niedergegangen war, gab es überall große Pfützen. Johnny beobachtete, was sich hinten im Hof tat. Schließlich konnte er es vor Aufregung nicht mehr aushalten und rief: "Mama, komm ganz schnell! Die Vöglein baden bei uns im Hof!" Tatsächlich, die Spatzen nahmen ein Bad. Fröhlich schlugen sie mit den Flügeln und ließen das warme Wasser über ihre Federn spritzen.

An einer anderen Stelle des Gartens fand etwas statt, was Johnny "Picknick der Vöglein" nannte. Die Rotkehlchen waren damit beschäftigt, Würmer aus dem Boden zu ziehen.

Als auch die anderen Kinder hinzugekommen waren, machte ich sie auf das Singen und Zwitschern der Vögel aufmerksam. Die Luft schien widerzuhallen von ihrem vielstimmigen Lobgesang. Das war an jenem friedlichen Morgen eine schöne Erfahrung für uns. Sie ließ Matthäus 6,25-26 zu unseren Herzen sprechen, wo es heißt: *„Seid nicht besorgt für euer Leben, was ihr essen und was ihr trinken sollt, noch für euren Leib, was ihr anziehen soll. Ist nicht das Leben mehr als die Speise und der Leib mehr als die Kleidung? Seht hin auf die Vögel des Himmels, daß sie nicht säen noch ernten, noch in Scheunen sammeln, und euer himmlischer Vater ernährt sie doch. Seid ihr nicht viel vorzüglicher als sie?"*

Meine Freundin Joyce hat mehr Freude an der Natur als jeder andere, den ich kenne. Manches Mal ruft sie mich an und bittet mich, meine Tätigkeit zu unterbrechen, um den herrlichen Sonnenuntergang zu beobachten. Und wenn wir im Auto unterwegs sind - gewöhnlich, um schnell irgendwohin zu gelangen - kommt es vor, daß sie plötzlich die Straße verläßt, um ein Reh zu beobachten oder besonders schöne Wildblumen zu bewundern, die am Straßenrand blühen. Sie hat geübte Sinne und nimmt die Schönheiten wahr, die die Natur in sich birgt. Auch ihre Kinder hat sie in dieser Weise geschult. Als wir eines Tages wieder einmal am Straßenrand anhielten, erklärte mir ihre Tochter: "Mutti hat uns gesagt, daß wir anhalten sollen, wenn wir etwas Schönes entdecken. Wir sollen es lange betrachten, damit wir es niemals wieder vergessen." Glühwürmchen haben für meine Kinder etwas Faszinierendes. Vor Jahren, als wir an einem heißen Sommerabend durch ein ausgedehntes Farmgelände fuhren, leuchteten uns überall in den Feldern winzige blinkende Lichter entgegen. Natürlich wollten wir erfahren, woher dieses Leuchten kam. Und so gingen wir am nächsten Tag in die Bücherei, um uns die nötigen Antworten zu holen.

Wir sollten unseren Kindern auch erzählen, worauf der Regenbogen zurückzuführen ist. Jeder Regenbogen, den wir sehen, ruft uns Gottes Gnade und seine Zusagen in Erinnerung, und wir können die Gelegenheit nutzen und unseren Kindern die Geschichte von Noah und dem ersten Regenbogen in 1. Mose 9, 13-16 erzählen.

Schneeflocken haben mich schon immer fasziniert. Die sanft auf unsere Augenlider und Gesichter niederfallenden Flocken lassen ahnen, mit welch sanfter Vorsicht Gott in seiner Schöpfung vorgeht. Er könnte ja den ganzen Schnee auf einmal niederschütten, aber nein, er läßt jede einzelne Schneeflocke sanft herniedergleiten. Die unendliche Formenvielfalt der Schneekristalle, von denen keins dem anderen gleich ist, brachte mich darauf, meine Kinder darauf hinzuweisen, wie verschieden wir Menschen alle sind. Jeder von uns ist ein Original.

In der Stadt pflegt der Schnee schnell schmutzig zu werden. Doch wenn Neuschnee fällt, wird alles wieder makellos weiß. Ich nahm das als Beispiel für die Sünde, die uns vor dem heiligen Gott schmutzig dastehen läßt. Das Blut Jesu aber ist wie frisch gefallener Schnee. Jesus wäscht den Schmutz der Sünde aus unserem Leben fort und macht es wieder strahlend rein. In Jesaja 1,18 ist es nachzulesen: *"Wenn eure Sünde auch blutrot ist, soll sie doch schneeweiß werden."*

Ich habe meinen Kinder gesagt, daß alles - Berge, Täler, der Wind, ein plätschernder Bach, Donner und Blitz - zum Lobe Gottes dienen soll. Die Berge erheben ihre Häupter, die Täler beugen sich tief, die Bäume klatschen in die Hände und erheben ihre Arme zu Gott, und auch die Flüsse und Bäche singen dem Herrn ein Loblied. Wir müssen uns nur Zeit nehmen, das alles zu erkennen.

Preis-und-Dank-Spaziergänge

Oft war ich unterwegs mit den Kindern, um mit ihnen gemeinsam Dinge zu entdecken, für die wir Gott danken konnten.

Wenn zum Beispiel ein Marienkäfer über Pauls Ärmel krabbelte, sagte er: "Danke für den Marienkäfer, Jesus." Sah Elisabeth einen Schmetterling, den sie wegen seiner Schönheit gerne einfangen wollte, redete ich ihr das aus: "Du tust ihm weh, wenn du seine schönen Flügel berührst", sagte ich. "Laß ihn fliegen, wohin Gott ihn fliegen läßt. Wir wollen ihm einfach zusehen und uns an ihm freuen." Da hörten wir Elisabeth sagen: "Ich danke dir für den Schmetterling, Jesus."

Manchmal lobten wir Gott auch für lustig geformte Steine und Felsen, die wir sahen. Die Steine waren wahre Schätze für David; er liebte es, sie in seine Taschen zu stecken und mit nach Hause zu nehmen.

Oft lagen wir da und blickten hoch zu den Wolken, die alle so verschieden aussahen. Als meine Kinder meinten, sie seien sicher so weich wie Watte, erklärte ich ihnen, woraus die Wolken wirklich bestanden. Ich nahm auch die Gelegenheit wahr, ihnen von der Auferstehung Jesu zu erzählen. Er wurde ja in die Wolken emporgehoben und entschwand den Blicken der Jünger, während er zum Himmel auffuhr *(Apostelgeschichte 1,9)*. Zwei Engel aber hatten verheißen, daß Jesus auf die gleiche Weise auf die Erde zurückkommen würde, wie er in den Himmel aufgefahren war (V.11). Die Wolken am Himmel sollten uns deshalb immer an das siegreiche zweite Kommen Jesu erinnern.

Gartenarbeit

Das gemeinsame Arbeiten im Garten schafft Gelegenheiten, miteinander über geistliche Dinge zu sprechen. In Matthäus 13 beschreibt Jesus einen Sämann. Der Same, den er aussät, stellt das Wort Gottes dar, und die Erde ist ein Beispiel für das harte Herz des Menschen. Als wir zum Umgraben des Bodens die großen dunklen Erdschollen abstachen, erklärte ich den Kindern, daß unser Herz - wie die harte Erde - in weichen, losen, fruchtbaren Boden umgewandelt werden muß, damit das Wort Gottes darin Wurzeln schlagen und wachsen kann.

Als wir schließlich den Samen aussäten, sprachen wir darüber, auf welche Weise Gottes Wort in unsere Herzen fällt. Den Kindern fiel die Antwort nicht schwer: durch den Unterricht in der Sonntagsschule, durch Predigten, oder wenn Mutti und Vati von Jesus sprechen. Wir sollten gut aufpassen und den Heiligen Geist bitten, unseren Herzensboden fruchtbar zu machen.

Dann baten wir Gott, unseren kleinen Garten zu segnen und für gutes Wachstum zu sorgen. Das brachte uns darauf, über das Wunder des Wachsens und über die Notwendigkeit von Sonne, Luft, Regen und Dünger nachzudenken. So unscheinbar die kleinen Samen und Setzlinge zunächst auch aussehen, in wenigen Wochen schon sind sie voll ausgewachsen und fähig, sich um ein Vielfaches zu vermehren.

Genauso macht es Gott in unserem Leben als Christen. Wenn wir freigiebig sind und Liebe und Glauben aussäen, schüttet Gott seinen Segen über uns aus. In 2. Korinther 9,10-11 finden wir diesen göttlichen Vermehrungsprozeß beschrieben: *„Der aber Samen darreicht dem Sämann und Brot zur Speise, wird eure Saat darreichen und mehren und die Früchte eurer Gerechtigkeit wachsen lassen, und ihr werdet in allem reich gemacht zu aller Freigebigkeit, die durch uns Danksagung Gott gegenüber bewirkt."*

Der ausgestreute Samen muß sterben, damit neues Leben aus ihm hervorgehen kann. Jesus sagte in diesem Zusammenhang: *„Wenn das Weizenkorn nicht in die Erde fällt und stirbt, bleibt es allein; wenn es aber stirbt, bringt es viel Frucht. Wer sein Leben liebt, wird es verlieren; und wer sein Leben in dieser Welt haßt, wird es zum ewigen Leben bewahren (Johannes 12,24-25)."*

Unser Leben ist wie ein Same. Wir müssen der Sünde täglich sterben und mit Jesus auferstehen zu einem neuen Leben *(Römer 6,4; Kolosser 2,12)*.

Hacken und Jäten im Garten ist für Kinder kein Vergnügen. Sie würden lieber pflanzen und das Wachstum der Setzlinge beobachten. Aber wie leicht nimmt das Unkraut in einem Garten überhand. Die kleinen Pflanzen bekommen zu wenig Licht, und ihre Wurzeln können sich nicht richtig ausdehnen. Genauso verhält es sich mit der Sünde in unserem Leben. Manchmal möchten wir sie am liebsten gar nicht beachten. Doch wenn wir träge Christen sind und die Sünde in unserem Herzen wachsen lassen, findet Gottes Wort in uns zu wenig Raum. Wie das Unkraut aus unserem Garten, so muß auch die Sünde aus unserem Herzen entfernt werden. Wir müssen sie bekennen und lassen, damit Gottes Wort in uns wachsen kann.

Oft fiel es meinen Kindern schwer, die Nutzpflanzen vom Unkraut zu unterscheiden, das gut getarnt zwischen den jungen Pflanzen stand. "So ist es auch mit der Sünde in unserem Leben", erklärte ich ihnen. "Manchmal halten wir etwas Falsches für gut. Wir wollen eine bestimmte Sünde nicht aufgeben. Doch wenn der Heilige Geist bewirkt, daß wir etwas als falsch erkennen, muß das betreffende ‚Sündenunkraut' ausgerissen werden, egal, wie sehr wir es mögen. Es darf unter keinen Umständen weiterwachsen."

Die Ernte, bei der wir den Segen unserer Arbeit schmecken dürfen, gehört mit zum Schönsten bei der Gartenarbeit. Alles ist wunderbar reif geworden, und wir sind Gott dankbar, daß er sich um unseren kleinen Garten gekümmert hat und uns auch die Möglichkeit gibt, unseren Reichtum mit anderen zu teilen.

In der Bibel wird in Verbindung mit der Wiederkunft Jesu von der Ernte gesprochen *(Markus 4,26-29)*. Wenn die "Ernte" reif ist, wird Christus wiederkommen.

In Matthäus 9,37-38 ist von der "reichen Ernte" die Rede (womit die Menschen gemeint sind, die zum Glauben kommen würden, wenn ihnen jemand die Botschaft brächte). In dieser großen Ernte fehlt es an Arbeitern, so daß Gottes Wort uns auffordert: *"Bittet den Herrn der Ernte, daß er Arbeiter aussende in seine Ernte!"*

Die Felder sind schon "weiß zur Ernte" *(Johannes 4,35)*. Wenn ein Weizenfeld reif ist, liegt über ihm ein heller Glanz. Manche Menschen sind wie dieser reife Weizen. Gott möchte, daß wir ihnen die rettende Botschaft verkündigen, daß wir gleichsam Erntearbeiter werden, die Menschenseelen einbringen für ihn.

Die Natur bietet uns viele gute Vergleichsmöglichkeiten, die wir ausnützen können, um mit unseren Kindern über Glaubensdinge zu sprechen. Sie selbst werden sicher noch mehr Anknüpfungspunkte entdecken, als ich in diesem Kapitel angeschnitten habe. Bitten Sie Gott, daß er Ihnen wache Augen schenkt für alles, was Sie umgibt. Auf diese Weise werden Sie Ihre Kinder nicht nur lehren, Gott zu loben. Sie werden ihnen auch helfen, daß sie die Folgen der Sünde, die Notwendigkeit der Vergebung und die biblische Motivation zum Dienst begreifen.

"Es tut mir leid"

Es dauert gewöhnlich nicht lange, bis eine Mutter feststellt, daß ihre Kinder mit einer sündigen Natur geboren wurden, die man nicht unterschätzen darf. Daß Kinder keine Engel sind, wird besonders deutlich, wenn zwei zusammen spielen. Wollen beide dasselbe Spielzeug, kann es zu einem richtigen Zweikampf kommen, bei dem mit Treten, Schreien, Haareziehen, ja selbst mit Beißen um ihr Spielobjekt gekämpft wird. Das stärkere Kind gewinnt gewöhnlich, während das schwächere frustriert und weinend auf der Strecke bleibt.

Der stattgefundene Kampf ist mehr als eine Auseinandersetzung um ein Spielzeug. Es sind Machtkämpfe, die sich bis ins Erwachsenenalter hinziehen. Setzt sich ein Kind ständig bei anderen durch, wird es mit Sicherheit in Schwierigkeiten kommen, wenn man sich nicht beizeiten darum kümmert.

Mütter sehen in ihren Kindern oft kleine Engel, denen nichts Schlechtes zuzutrauen ist. Meine Vier haben mich jedoch gelehrt, daß man Kindern das Sündigen nicht beizubringen braucht. Es steckt einfach in ihnen.

Die Bibel sagt es in aller Deutlichkeit: *"Alle haben gesündigt und erlangen nicht die Herrlichkeit Gottes" (Römer 3,23). "Da ist kein Gerechter, auch nicht einer" (3,10).* Die Bibel nennt keine Altersgrenze, was das Sündigen anbelangt. Das Wörtchen *alle* will sagen, daß niemand ausgenommen ist. Das Sündigen gehört zu unserem natürlichen Wesen, es ist Teil unserer alten Natur. Die Tatsache, daß kleine Kinder sich der Sünde noch nicht bewußt sind, entbindet sie nicht davon. Ihr kleiner Wille, der sich voll Trotz und Rebellion der elterlichen Autorität entgegenstellt, muß gebändigt werden.

Dies gehört zu den anstrengendsten und entscheidendsten Aufgaben in der Kindererziehung. Ein Kind, das nicht gelernt hat, sich gehorsam der Autorität zu unterstellen, wird als Heranwachsender in der Christusnachfolge Schwierigkeiten haben.

Wir tun unseren Kindern keinen Gefallen, wenn wir die Sünde in ihrem Leben ignorieren. Kinder, die keine Disziplin gelernt haben, werden es schwer haben *(Vgl. Sprüche 13,18.24; 19,18.27; 22,15; 23,13-14; 29,17.)* Nicht nur die Kinder werden zu leiden haben, sondern eine Mutter, die es an der nötigen Zucht fehlen läßt, bringt sich selbst in Schande. *"Rute und Ermahnung geben Weisheit; aber ein sich selbst überlassener Junge macht seiner Mutter Schande" (Sprüche 29,15).*

Auch Jesus mußte Gehorsam lernen. Er kam mit einer menschlichen Natur zur Welt, war Mensch und Gott in einer Person. Infolge seiner menschlichen Natur, war er Versuchungen ausgesetzt. Potentiell war er fähig zu sündigen, doch weil er Gott war, widerstand er der Sünde, lebte ein vollkommenes Leben für uns und nahm unsere Sünden mit sich ans Kreuz.

Jesus war seinem himmlischen Vater und seinen irdischen Eltern gehorsam. Er hat um unseretwillen viel gelitten. Der Gehorsam war nicht immer leicht für ihn. *"Er lernte, obwohl er Sohn war, an dem, was er litt, den Gehorsam" (Hebräer 5,8).* Und dieser Gehorsam gegenüber dem Willen seines himmlischen Vaters führte ihn bis ans Kreuz, wo er sein Leben hingab für unsere Sünden.

Wir dürfen unseren Kindern auf dem Weg zum Gehorsam das Leiden nicht ersparen. Sie werden nicht annehmen, was wir sie lehren wollen. Weder Kinder noch Erwachsene haben es gern, wenn man sie zurechtweist oder ihnen bestimmte Dinge befiehlt. Unsere Natur wehrt sich dagegen. Erst durch Bestrafung lernen Kinder, auf eigenwillige Wünsche zu verzichten und den Willen Gottes für sich zu akzeptieren. Gott spricht von keiner Altersgrenze, wenn es um das Sündigen geht. Die Zehn Gebote gelten für Erwachsene ebenso wie für Kinder. Es ist unerläßlich, daß Kinder begreifen, was in den Augen Gottes richtig und falsch ist. Sie müssen lernen, was Gerechtigkeit ist und welche Auswirkungen die Sünde in ihrem Leben hat. Wenn Sünde nicht regelmäßig bestraft wird, erlaubt man ihr, sich im Leben des Kindes mehr und mehr auszubreiten. Rebellion, Egoismus, Genußsucht, mangelnde Selbstbeherrschung und andere negative Verhaltensweisen werden schließlich so ausgeprägt, daß sie sich nur schwer beseitigen lassen. Es gehört auch zu unseren Aufgaben als Mutter, unsere Kinder zu lehren, wie man seine fleischlichen Wünsche bekämpft, damit Christus Gestalt gewinnen kann in unserem Leben. Ich erziehe unsere Kinder mit Strenge, damit sie Selbstbeherrschung lernen und fähig werden zu einem Leben, das mit Gottes Wort übereinstimmt. Disziplin bewirkt ein gottgefälliges Wesen *(1. Timotheus 4,7-8),* und ich möchte, daß die Eigenschaften Christi im Leben meiner Kinder sichtbar werden.

Disziplin gehört deshalb auch zum Glaubensleben einer Familie. Auf dem Wege der Züchtigung lernen die Kinder vieles, was sich auf ihr späteres Leben positiv auswirkt. Indem wir sie anhand der Schrift über die Sünde und ihre Folgen aufklären und ihnen die vergebende Liebe Gottes in Jesus Christus vor Augen führen, lernen sie, der Versuchung zu widerstehen und nein zur Sünde zu sagen.

Sie lernen durch Erziehung, daß es nicht recht ist, jemanden zu schlagen, zu beschimpfen, ja daß auch die Verteidigung der eigenen Rechte nicht zu einem christlichen Leben paßt. Sie lernen, andere Menschen an die erste Stelle zu setzen und die zu lieben und zu segnen, die ihnen nicht wohlgesonnen sind.

Unser Zuhause soll zu einem Übungsfeld für christliches Verhalten werden. Durch Wiederholung und Praxis lehren wir unsere Kinder, Gutes von Bösem zu unterscheiden *(Hebräer 5,14)*.

Eltern, die es zulassen, daß ihre Kinder andere beschimpfen, ärgern und mit ihnen Streitigkeiten und Kämpfe austragen, lassen sie in Wirklichkeit einen Weg gehen, der Christus nicht gefällt. Alle Kinder sind ab und zu in so etwas verwickelt. Meine Kinder sind da keine Ausnahme. Doch christliche Eltern sollten niemals dulden, daß ihre Kinder vor ihren Augen Falsches tun.

Niemals darf das Elternhaus zu einem Ort werden, in dem es Kindern erlaubt ist zu sündigen. Da die Welt sie in dieser Richtung schon genug herausfordern wird, müssen sich die Eltern der Sünde entschieden entgegenstellen. Die Regeln für ein gottgefälliges Leben, wie Gottes Wort sie enthält, sollten zu Hause eingeübt werden.

Das Amt der Erziehung und Bestrafung ist nicht leicht. Es erfordert viel Zeit und Ausdauer. Der bequemste Weg besteht darin, Verhaltensprobleme einfach zu ignorieren. Manche Eltern kommen mit der faulen Ausrede, das schlechte Benehmen ihrer Kinder sei altersbedingt und verschwände nach einer gewissen Zeit wieder. Dabei ist ihnen nicht bewußt, daß ein Stadium gewöhnlich in ein anderes übergeht - bis aus den vielen Stadien die großen Probleme erwachsen. Falsche Verhaltensweisen verfestigen sich gewöhnlich und nehmen zu, wenn man sich ihnen nicht beizeiten entgegensetzt. Eltern, die der Natur ihren Lauf lassen, werden später die Früchte ihrer Bequemlichkeit in Form unlösbarer Probleme ernten müssen.

An unseren vier Kindern habe ich gesehen, was es mit der sündigen Natur eines Kindes auf sich hat. Rivalitätskämpfe, hinter denen sich gewöhnlich Eifersucht verbarg und der Wunsch, für sich selbst das Beste zu ergattern, waren an der Tagesordnung. Ihr kleiner Wille mußte unter Kontrolle gebracht werden. Für mich stand außer Zweifel, daß ich bei meinen Kindern kein Verhalten dulden durfte, das nicht mit Gottes Wort zu vereinbaren war. Sie kämpften um Spielsachen, und ihre Spiele endeten fast immer mit wüsten Schimpfworten - sie waren schlechte Verlierer und ließen selten ein gutes Haar an den Gewinnern. Oft ärgerten sie sich gegenseitig, gaben sich Schimpfnamen und kämpften miteinander. Es hatte den Anschein, als ob jedes Kind nur sich selbst und seinen eigenen Vorteil im Sinn hatte.

Am Ende manches Tages war auch ich am Ende - und das allein vom Eingreifen in ihre Streitereien. Manchmal, wenn ich abends im Bett lag und über die Ereignisse des Tages noch einmal nachdachte, überkam mich ein schlechtes Gewissen. War ich böse und gemein zu den Kindern gewesen? Nein, sie hatten sich meiner Autorität zu beugen, und ich durfte kein Verhalten dulden, das mit Gottes Wort nicht in Einklang zu bringen war - selbst wenn dies für ihr Alter normal erscheinen mochte. Wenn ich ihnen erlaubte, spontan zu tun, was sie wollten, tat ich ihnen in Wirklichkeit keinen Gefallen damit, und ich liebte meine Kinder zu sehr, um ihnen auf diese Weise zu schaden. Wenn ich jetzt meine vier Teenager betrachte, danke ich Gott, daß er mir die Kraft gab, bei meiner strengen Erziehung zu bleiben. Ich gab ihnen nicht die Freiheit zu tun, was sie wollten. Sie wurden gelehrt, nach Gottes Regeln zu leben, nicht nach meinen eigenen oder denen der Welt. Durch Übung und Wiederholung lernten sie am Maßstab der Bibel, Gutes und Böses voneinander zu unterscheiden.

Ich habe gesehen, wie meine Kinder empfänglich wurden für das Wort Gottes, so daß es auch Leute außerhalb unserer Familie merkten. Sie haben gelernt, Menschenleben zu achten, und sie wissen, daß Zurückschlagen nicht der einzige Weg ist, um sich durchzusetzen. Trotz aller Schwierigkeiten, die sie immer wieder damit haben, das Gelernte in die Praxis umzusetzen, wissen sie genau, daß Gott sie segnet, wenn sie sich seinem Willen unterordnen.

Ihre sündige Natur ist immer noch erkennbar. Das wird sich erst ändern, wenn meine Kinder bei Jesus in der Ewigkeit sind. Doch die kleinen Dinge von vor 10 und 15 Jahren haben sich nicht zu Riesenproblemen ausgeweitet. Bestimmt haben Sie schon die Redensart gehört: "Kleine Kinder - kleine Sorgen, große Kinder - große Sorgen." Die meisten Leute glauben, daß es sich so verhält. Doch wenn man die kleinen Schwierigkeiten im Keim erstickt, werden keine großen Probleme daraus erwachsen.

Strafen aus Liebe

Wir müssen uns vor Augen halten, daß kein Kind gerne Strafe annimmt. Selbst ich bin nicht erfreut darüber, obwohl ich weiß, daß Strafe gut für mich ist. Es tut weh, wenn der Heilige Geist durch das Wort Gottes oder durch einen Menschen Sünde in meinem Leben aufdeckt. Sich zu ändern, fällt schwer. Ich selbst habe harte Zeiten hinter mir, weil ich mich in bezug auf mein Leben nicht dem Willen Gottes unterstellen wollte.

Gott straft mich, weil er mich liebt *(Hebräer 12,6)*. Er will nicht, daß ich ein geistlich unreifer Mensch bleibe, der unfähig ist, Gut und Böse zu unterscheiden. Er hat einen Plan für mein Leben, doch um ihn durchzuführen, muß ich Gehorsam gelernt haben.

In der Erziehung unserer Kinder müssen wir nach göttlichem Vorbild handeln. Wir strafen sie, weil wir sie lieben und in ihnen die "friedsame Frucht der Gerechtigkeit" (Hebräer 12,11) sehen möchten. Wenn wir diesen Aspekt in der Erziehung unserer Kinder vernachlässigen, sind wir dem Willen Gottes wirklich ungehorsam und ehren unsere Kinder mehr als den Herrn.

Im 1. Samuelbuch im Alten Testament wird uns die Geschichte des Priesters Eli erzählt, der es versäumte, seine Söhne zurechtzuweisen. Von ihm heißt es, daß er seine Söhne mehr ehrte als den Herrn (2,29). Anstatt sie zurechtzuweisen und zu lehren, erlaubte er ihnen alles, was sie wollten, so daß sie "ruchlose Männer" (2,12) wurden. Als Folge dieses Ungehorsams wurde Elis Familie vom Priestertum ausgeschlossen. Wie trostlos muß es in Elis Herzen ausgesehen haben (2,33)! Ebenso steht es heute um viele Mütter. Ihre Kinder machen ihnen viel Kummer, weil es ihnen an der nötigen Zucht und Ermahnung gefehlt hat.

Kinder müssen die Regeln und Grenzen kennen. Sie werden jede Gelegenheit nutzen, um Sie auf die Probe zu stellen; ebenso groß wird aber ihr Respekt sein, wenn Sie fest bleiben und sich weigern, ihrem Schmollen und Weinen nachzugeben.

Eine Mutter, die wußte, wie sehr es darauf ankommt, bei einmal getroffenen, richtigen Entscheidungen zu bleiben, erzählte mir einmal, wie ihre achtjährige Tochter eines Tages in die Küche gerannt kam. Was sie mit ihren Freundinnen vorhatte, würde Mutti nie erlauben, das wußte sie. Trotzdem versuchte sie, ihren Willen durchzusetzen. "Alle Mütter haben es erlaubt, nur du nicht, Mutti! Du bist ja so gemein!" weinte sie entrüstet.

Als sie merkte, daß ihre Mutter sich nicht erweichen ließ, versuchte sie es mit einer anderen Taktik. Sie rannte hinaus in ihr Zimmer und knallte die Tür laut und vernehmlich hinter sich zu. Bestimmt würde das seine Wirkung nicht verfehlen.

Als sich nach einigen Minuten nichts tat, startete sie einen neuen Versuch und bettelte um Erlaubnis. Erst nachdem die Mutter auch jetzt bei ihrem Nein blieb, gab die Kleine sich geschlagen und verließ beleidigt die Küche. Überzeugt, daß sie das Richtige getan hatte, lauschte die Mutter gespannt, was ihre Tochter den Freundinnen erklären würde, die hinten im Hof auf sie warteten. Zu ihrer großen Überraschung verkündete die Kleine stolz: "Ich hab es euch doch gleich gesagt, daß sie mich nicht mitgehen lassen würde!"

Es gibt viele Möglichkeiten der Zurechtweisung. Jede Familie ist anders strukturiert, und jedes Kind ist verschieden. Doch es gibt einige Regeln, die - unabhängig von der jeweiligen Situation - bei jeder Bestrafung zu beachten sind:

Die vom Kind begangene Übertretung muß deutlich ausgesprochen und ihm als Sünde erklärt werden.

Es muß eine ordentliche Bestrafung erfolgen, damit das Kind begreift, daß sein Verhalten falsch war. Die Strafe sollte in Liebe, niemals im Zorn verabreicht werden, denn das Kind muß spüren, daß es auch inmitten der Strafe geliebt wird.

Dem Kind muß Vergebung zugesprochen werden. Es muß wissen, daß nicht nur Jesus, sondern auch seine Eltern ihm vergeben haben. Nachdem die Vergebung ausgesprochen ist, sollten Sie dem Kind Ihre Zärtlichkeit zeigen. Dieser körperliche Kontakt vermittelt dem Kind wieder die Sicherheit, daß es geliebt wird.

Beginnen Sie frühzeitig damit, Ihre Kinder zurechtzuweisen. Lassen Sie die ersten Lebensjahre nicht ungenutzt verstreichen. Wenn Sie mit der Bestrafung warten, bis die Kinder den Begriff Sünde richtig verstehen, kommen Sie Jahre zu spät.

Du bist mein Bruder, und ich liebe dich

Unsere Allernächsten lieben zu lernen, kann mit echten Spannungen verbunden sein - besonders unter Geschwistern. Wenn ich mir einen Ort wünschte, wo meine Kinder lernen sollten, andere zu lieben, dann war es bei uns zu Hause. Sie mußten gelehrt werden, wie man einander liebt und respektiert und wie man diese Zuneigung zum Ausdruck bringt.

Wenn meine Kinder Zeit genug hatten, sich gegenseitig weh zu tun, konnten sie auch lernen, wie man sich liebt. Die Kinder wissen instinktiv, wann ihnen Unrecht geschieht und sinnen augenblicklich auf Rache. Man muß sie lehren, genau das Gegenteil von dem zu tun, was sie von Natur aus tun würden.

Der ständige Kontakt mit Brüdern und Schwestern führt gewöhnlich dazu, daß Langeweile entsteht, und die wiederum führt zu Zankereien, Wortgefechten und Streit. Oftmals habe ich mit Absicht nicht in ihre Streitereien eingegriffen, um ihnen Gelegenheit zu geben, ihre Differenzen allein beizulegen und dabei ihre eigenen Erfahrungen zu machen. Sobald es aber dazu kam, daß sie sich durch Worte oder Handlungen gegenseitig weh taten, griff ich ein.

Ich fragte nicht, wer im Recht oder Unrecht war, sondern betrachtete die Auseinandersetzung vom christlichen Standpunkt aus. "Was würde Jesus wohl dazu sagen?" erklärte ich. "Er möchte, daß wir uns gegenseitig lieben und nicht, daß wir uns wehtun. Selbst wenn uns jemand schlägt, haben wir nicht das Recht zurückzuschlagen. Jesus wurde ausgepeitscht und beschimpft, doch er selbst verletzte niemand. Er liebte uns so sehr, daß er sein Leben für uns gab. Jesus möchte, daß wir so handeln wie er."

Nachdem ich beide Parteien angehört hatte, erklärte ich ihnen, daß beide - egal, wer anfangs recht oder unrecht hatte - wegen ihrer haßerfüllten Reaktion im Unrecht waren. Schimpfworte und Schlägereien passen nicht zu einem Leben, das Jesus gehört. Wir sollen die anderen lieben, auch wenn wir nicht auf Gegenliebe stoßen.

Vielleicht meinen Sie, daß kleine Kinder diesen Grundsatz noch nicht verstehen. Schließlich ist er ja schon für Erwachsene schwer in die Tat umzusetzen, wieviel mehr dann für Kinder.

Doch hier ist Verständnis fehl am Platze. Die Kinder brauchen nicht alles zu verstehen, was Sie anordnen. Sie brauchen nicht zu verstehen, weshalb sie um 19.30 Uhr ins Bett müssen. Sie legen sie einfach schlafen, und die Kinder haben das zu akzeptieren. Später, wenn sie größer werden, kommt die Einsicht. Wenn Ihre Kinder nicht mit einer Sache einverstanden sind, bedeutet dies noch lange nicht, daß sie ihnen erspart bleibt. Die eigenwillige Natur der Kinder muß gebändigt werden, wenn sich eine christliche Haltung in ihnen entwickeln soll.

Nachdem Sie den Kindern erklärt haben, daß ihr Verhalten falsch war und eine Sünde vor Gott, müssen Sie ihnen sagen, daß Jesus gekommen ist, um diese Sünde wegzunehmen. Er wird ihnen vergeben, wenn sie ihn um Vergebung bitten.

Es ist wichtig, daß auch die Kinder sich gegenseitig vergeben und den wiederhergestellten Frieden durch ein äußeres Zeichen besiegeln. Ich habe diese kleine Übung meinen Kindern jedesmal abverlangt, wenn sie jemand in der Familie im Streit oder mit Worten verletzt hatten.

Die beiden Streithähne wurden aufgefordert, sich die Hand zu geben und einander in die Augen zu sehen. Das fiel ihnen sehr schwer, doch der Augenkontakt ist außerordentlich wichtig. Dann hatte jeder von beiden zu sagen: "Du bist mein Bruder, und ich liebe dich. Es tut mir leid, daß ich dich geschlagen habe. Ich will versuchen, es nicht wieder zu tun." Sie durften nicht eher fortgehen, bis beide alles der Reihe nach ausgeführt hatten.

Manchmal waren sie ganz verstockt. Sie bekamen die Worte nicht über ihre Lippen und blickten trotzig zu Boden. Ich entließ sie aber nicht eher, bis die Sache erledigt und das Bekenntnis von beiden klar und deutlich ausgesprochen war.

Gewöhnlich begannen sie zu kichern, nachdem sie einige Male versucht hatten, den Satz zu sagen. Dabei entspannte sich die Atmosphäre bereits. Am Schluß mußten sie sich dann gegenseitig in den Arm nehmen. Wie hatte sich in wenigen Augenblicken alles verändert! Unter Zorn und Tränen hatte es angefangen - lachend und kichernd gingen sie schließlich auseinander.

Eines Tages hatten Warren und ich eine wortlose Auseinandersetzung. Wir sagten uns in allerseits verständlicher Körpersprache, was wir voneinander dachten. Unseren Kindern gefiel das gar nicht, und so suchten sie nach einem Weg, uns wieder miteinander zu versöhnen. Zu unserer Überraschung benutzten sie dabei die gleiche Technik, die wir schon seit Jahren bei ihnen angewandt hatten. Wir mußten uns mitten in der Küche an den Händen fassen, uns fest in die Augen sehen und sagen: "Du bist mein Mann (meine Frau), und ich liebe dich. Es tut mir leid, und ich will versuchen, es nicht wieder zu tun." Dann mußten wir uns umarmen. Ich erinnere mich noch sehr gut an die Tränen, die in mir hochstiegen, während Gott unsere Beziehung durch diese einfache Handlung wieder in Ordnung brachte. Jahrelang hatte sich diese Methode im Leben unserer Kinder bewährt; jetzt durften wir selbst davon profitieren.

Liebe und Segen für die Feinde

Es ist nicht sonderlich schwer, Gott zu bitten, weit entfernt lebende Feinde zu segnen. Wenn es sich dabei aber um Menschen handelt, mit denen man Tag für Tag zu tun hat, wird die Sache schon schwieriger. Manchmal sind es Nachbarn, Verwandte, Lehrer, Spielkameraden oder auch nächste Familienmitglieder. Nicht jeder mag uns, und es kann durchaus sein, daß uns jemand wirklich Böses zufügen will.

Auch Kinder sind von solchen Böswilligkeiten nicht ausgenommen. Sie werden vielleicht immer wieder mit Menschen konfrontiert, von denen sie abgelehnt werden.

An diesem Punkt können wir von Jesus lernen. Er gibt uns Anweisung, wie wir das Problem bewältigen können. *„Aber euch, die ihr hört, sage ich: Liebt eure Feinde; tut wohl denen, die euch hassen; segnet, die euch fluchen; betet für die, welche euch beleidigen ... Wenn ihr liebt, die euch lieben, was für einen Dank habt ihr? Denn auch die Sünder lieben, die sie lieben. Und wenn ihr denen Gutes tut, die euch Gutes tun, was für einen Dank habt ihr? Denn auch die Sünder tun dasselbe ... Doch liebt eure Feinde, und tut Gutes, und leiht, ohne etwas wieder zu erhoffen, und euer Lohn wird groß sein"* (Lukas 6,27. 32-33. 35).

Das ist schwer in die Tat umzusetzen. Ich habe Gott oft gefragt, ob er das wirklich von mir verlangt - meine menschliche Natur wehrt sich einfach dagegen.

Vielleicht haben Sie das Gefühl, daß die Lektion zu schwer ist für Ihr Kind. Allgemein steht man ja auf dem Standpunkt, daß ein Kind lernen muß, sich zu wehren, damit es im Leben bestehen kann.

Ich frage Sie: Muß man einem Kind wirklich beibringen, daß es sich zur Wehr setzen muß? Ich glaube nicht. Selbst das ängstlichste Kind wird irgendwann zurückhauen, wenn es zu sehr herausgefordert wird. Es ist einfach eine natürliche Reaktion. Ich meine, daß man ein Kind lehren muß, seinen natürlichen Regungen zu widerstehen. Gott sagt uns, daß wir nicht zurückschlagen, sondern segnen sollen, die uns Böses antun.

David war schon immer das verträglichste meiner Kinder. Kontaktfreudig und darauf bedacht, keinen Anstoß zu erregen, war er alles andere als ein Schlägertyp. Als er aber nach unserer Rückkehr aus Neuguinea in der Schule Schwierigkeiten hatte und ein Kind sich unbarmherzig über ihn lustig machte, reagierte er mit einigen Faustschlägen darauf.

Ich sprach mit David über den Vorfall und riet ihm, das nächste Mal einfach fortzugehen, wenn es wieder zu solchen Hänseleien kam. "Gott möchte, daß du dich so verhältst", erklärte ich ihm. Einen Moment lang kam es mir grausam vor, so etwas von ihm zu verlangen, doch dann machte ich mir bewußt, daß David das gleiche zu lernen hatte wie ich. Ich erzählte ihm, daß Jesus in seinem Wort von uns verlangt, unsere Feinde zu lieben, sie zu segnen, ja selbst die andere Backe hinzuhalten, wenn uns jemand auf die eine schlägt. David warf mir einen eigenartigen Blick zu, als wollte er sagen: Weißt du auch, was du da sagst?

Dann beteten wir miteinander. Wir baten Gott, Tony zu segnen und David in dieser Sache zu helfen. Was ich tat, fiel mir nicht leicht und kostete mich viel Kraft, doch ich vertraute dem Herrn, daß er meinen Gehorsam segnen würde.

Jeden Abend baten wir Gott, Tony zu segnen. Das Hänseln ging zunächst weiter. Manchmal setzte sich David zur Wehr, manchmal gelang es ihm fortzugehen. Doch, dem Herrn sei Dank, schon bald zeichnete sich eine Änderung ab. Die Sache war in relativ kurzer Zeit erledigt, und Tony und David wurden tatsächlich Freunde.

Es fällt Kindern nicht leicht, für jemand zu beten, der sie schlecht behandelt. Sie verstehen es nicht, aber auch hier gilt der Grundsatz: Sie brauchen es auch gar nicht zu verstehen. Es ist einfach etwas, was Gott von ihnen verlangt. Und wenn wir seinen Willen tun, liegt die Verantwortung für den Ausgang der Angelegenheit bei ihm.

Geduldig und freundlich müssen wir unseren Kindern dieses Prinzip nahebringen. Es muß eingeübt werden. Je früher die Kinder sich diese Haltung aneignen, desto leichter werden sie als Erwachsene mit schwierigen menschlichen Beziehungen fertig.

Das Reine und Gute bedenken

Wie schnell ist uns ein unfreundliches Wort entschlüpft, und in wie vielen Heimen sind Schimpfworte zwischen Geschwistern an der Tagesordnung! Die Hänseleien sind oft so intensiv, daß ein Zornausbruch die Folge ist. Weil dies immer wieder vorkommt und bei Kindern als etwas Normales angesehen wird, brauchen wir ein solches Verhalten aber noch lange nicht zu dulden. Gottes Wort befiehlt uns: *"Kein faules Wort komme aus eurem Mund, sondern nur eins, das gut ist zur notwendigen Erbauung, damit es den Hörenden Gnade gebe" (Epheser 4,29).*

Worte wie "Dummkopf", "Idiot", "Vogelscheuche" oder andere häßliche Redensarten, denen man heute überall begegnet, sollten bei uns zu Hause keinen Platz haben. Es ist ja so einfach, bei seinesgleichen Fehler zu entdecken. Unsere Kinder machen da keine Ausnahme. Ich bin ständig dabei, diesen Punkt bei uns zu Hause anzusprechen.

Als gute Methode, mit diesem Problem fertigzuwerden, hat sich bei uns erwiesen, jedes schlechte Wort durch ein gutes zu ersetzen. Wir legen dabei Philipper 4,8 zugrunde, wo es heißt: *„Weiter, liebe Brüder: Was wahrhaftig ist, was ehrbar, was gerecht, was rein, was lieblich, was wohllautet, ist etwa eine Tugend, ist etwa ein Lob, dem denket nach!"*

Wenn jemand etwas Negatives über einen anderen sagt, fordere ich ihn auf, den Ausspruch durch eine besonders nette Bemerkung über den Betroffenen zu korrigieren. Widerstrebend und undeutlich wird dann oft etwas gebrummelt, doch ich lasse nicht locker, bis es klar und verständlich ausgesprochen ist.

John war ungefähr sechs Jahre alt, als er Elisabeth am Tisch ein Schimpfwort zurief. Er wußte, was er getan hatte. Die ganze Familie hatte es gehört. Er wußte auch, daß wir so etwas nicht billigten, und - ohne daß wir ihn ermahnen mußten - flüsterte er Elisabeth leise zu: "Und du hast hübsches blondes Haar."

Warren und ich lachten in uns hinein. John hatte offenbar schon begriffen, daß er mit solchem Benehmen nicht durchkam. Er hatte sich ohne Aufforderung selbst korrigiert.

Einander vergeben

An einem heißen Sommernachmittag, als ich wieder einmal in eine Reihe von Streitigkeiten eingreifen mußte, konnte ich das schlechte Benehmen meiner Kinder einfach nicht mehr ertragen. Sie waren alles andere als freundlich zueinander. Jedes Mal, wenn sie gerade mit einem Spiel begonnen hatten, gab es Krach.

Schließlich versammelte ich sie alle um den Küchentisch und erklärte ihnen, wie sehr ihr Verhalten mir mißfiel. Auch Gott hatte keinen Gefallen an ihnen, wenn sie sich so benahmen, erklärte ich, und forderte die Kinder auf, selbst herauszufinden, was Gott im Umgang miteinander von ihnen erwartete. Wer lesen konnte, bekam ein Neues Testament in die Hand. Dann ließ ich sie laut und vernehmlich gemeinsam Epheser 4,32 vorlesen. *Da stand es schwarz auf weiß: "Seid aber zueinander gütig, mitleidig, und vergebt einander, so wie Gott in Christus euch vergeben hat."*

Alle wußten, was das bedeutete, hatten aber Schwierigkeiten, ihre Gedanken in Worte zu fassen. Ich bat sie, leise für sich Vers 31 zu lesen, wo davon die Rede ist, daß wir alle Bitterkeit sowie Wut und Zorn ablegen sollen. Sie fühlten, daß sie falsch gehandelt hatten und sich versöhnen mußten. Es war Sünde, einander so unfreundlich zu behandeln.

"Ich möchte, daß jeder für sich Gott jetzt leise um Vergebung bittet und um Kraft, es nicht wieder zu tun", sagte ich. Nach einigen Augenblicken der Stille entschuldigten sie sich dann beieinander und durften gehen. Wir wiederholten das Ganze noch einmal an jenem Nachmittag, denn ich war fest entschlossen, keinen Ungehorsam durchgehen zu lassen. Auf diese Weise lernten sie ihre Lektion, und ich war ganz sicher, daß Gott meine Ausdauer belohnen würde.

Denken Sie nicht, daß Sie immer Erfolgserlebnisse haben werden. Im Gegenteil, was Sie tun, kann Ihnen völlig vergeblich vorkommen. Nehmen Sie die Reaktionen Ihrer Kinder nicht als Gradmesser für Ihren Erfolg. Es geht nicht in erster Linie um die Auswirkungen Ihrer Bemühungen, sondern darum, daß Sie Ihre Kinder im Gehorsam gegenüber Gottes Befehl zurechtweisen. Sie erziehen sie in jungen Jahren, damit sie in den Gehorsam Christi hineinwachsen.

Gott hat uns gesegnet, indem wir als Familie gelernt haben, unserer Liebe zueinander Ausdruck zu geben. Der lästige Einübungsprozeß, der mit viel Mühe und Zeit verbunden war, hat sich ausgezahlt. Unsere Kinder haben gelernt, ihrer menschlichen Natur zu widerstehen. Gott arbeitet an ihnen, und ich glaube fest, daß er das angefangene Werk im Laufe ihres Lebens an ihnen zur Vollendung führen wird.

Wie ein vielgeliebtes Einzelkind

Acht erwachsene Brüder und Schwestern waren anläßlich des Todes ihrer alten Mutter zusammengekommen, der sie in herzlicher Liebe verbunden gewesen waren. Als sie nach der Beerdigung zusammensaßen, schien es, als scheuchten die Erinnerungen an die frohen Tage ihrer Kindheit und die liebevolle Zuwendung ihrer Mutter alle Traurigkeit fort.

Nachdem sie verschiedene Lieblingserinnerungen ausgetauscht hatten, meinte einer der Söhne: "Es ist mir ein Rätsel, wie sie es fertiggebracht hat, aber obwohl wir so viele waren, gab sie mir immer das Gefühl, als kümmere sie sich einzig und allein um mich."

"Auch du hast das so empfunden?" erwiderte eine seiner Schwestern. "Ich dachte, *ich* sei die einzige gewesen." Zu ihrem Erstaunen mußten die Geschwister feststellen, daß ihre Mutter die erstaunliche Fähigkeit besessen hatte, jedem von ihnen das Gefühl zu geben, ein vielgeliebtes Einzelkind zu sein.

Einem Kind zu versichern, daß es einzigartig, gewollt, geliebt und etwas ganz Besonderes ist, hilft ihm, zu einem Erwachsenen zu werden, der sich selbst annimmt und liebt, wie Gott ihn gemeint hat. Indem ein Mensch lernt, sich selbst zu lieben, wird er befähigt, auch andere zu lieben.

Dieses gesunde Selbstvertrauen, das Kindern durch die Liebe und Zuwendung ihrer Mutter vermittelt wurde, verhilft ihnen zu einem besseren Verständnis der Liebe Gottes, und sie begreifen, wie außerordentlich wertvoll sie in den Augen Gottes sind.

Doch auch, wenn die Mutter den Kindern vermittelt, wie sehr sie von ihr angenommen sind, darf sie die Sünde in ihrem Leben nicht entschuldigen. Die Kinder sollen ein Gefühl für die Gnade Gottes bekommen und verstehen lernen, daß Gott sie auch dann noch liebt, wenn sie Falsches tun. Gottes Gnade - **G**ott **N**immt **A**nteil **D**urch **E**rbarmen - wird ihnen nicht zuteil, weil *sie* besonders liebenswert und gut sind, sondern weil *Gott* Güte und Liebe ist. Christus gab sein Leben für uns, als wir noch Sünder waren *(Epheser 2,5; Römer 5,8)*. Die Sünde muß immer noch herausgestellt werden, aber unter Hinweis auf Gottes Vergebung und Gnade, die größer sind als unsere Sünde.

Kinder brauchen Zärtlichkeit

Kinder begreifen schon sehr früh, welchen besonderen Wert sie haben. Bereits kurz nach der Geburt, wenn die Mutter ihr Baby an sich drückt, es küßt, liebkost und zu ihm spricht, spürt das kleine Wesen, daß es geliebt ist.

In ihrem Buch "Every Child's Birthright: In Defense of Mothering" (Das angestammte Recht des Kindes auf mütterliche Zuwendung) schreibt Selma Fraiberg sie folgendes über die Wichtigkeit mütterlicher Liebe und Zärtlichkeit: *Im Laufe der ersten sechs Monate beherrscht das Baby die Grundzüge einer gewissen "Liebessprache". Da gibt es die Sprache der Umarmung, die Sprache der Augen, die Sprache des Lächelns und der stimmliche Ausdruck von Freude und Kummer. Es ist der unentbehrliche Wortschatz der Liebe, bevor wir unsere Liebe in Worte kleiden können. Achtzehn Jahre später, wenn dieses Baby voll erwachsen ist und sich das erste Mal verliebt, wird es seinem Partner mit den Augen, mit Lächeln, mit zärtlichen Worten und beglückenden Umarmungen den Hof machen.*

In seinen Liebeserklärungen kommen dann Sätze vor wie: "Als ich das erste Mal in deine Augen sah", "Als du mich anlächeltest", "Als du mich in deinen Armen hieltest." Und in seiner Verzückung wird das große Baby natürlich glauben, daß dieses Liebeslied von ihm erdichtet wurde (Bantam, S. 29).

Die Berührung - besonders in den ersten Lebensjahren - gehört mit zu dem Besten, was wir für unsere Kinder tun können. Ihre Haut schreit gleichsam danach, gestreichelt zu werden. Man weiß von Babys, die gestorben sind, weil der nötige Hautkontakt fehlte, während andere, die längere Zeit auf persönliche Zuwendung verzichten mußten, später Verhaltensstörungen aufwiesen. Dies äußerte sich bei manchen in großer Kontaktarmut und Eigensinnigkeit, andere wurden so aggressiv, daß sie mit dem Kopf gegen Wände und Möbel stießen.

Junge Leute, deren Sehnsucht nach Hautkontakt befriedigt wurde, sind im allgemeinen offen, freundlich und entspannt, während andere, die zu Hause selten gestreichelt wurden, sich oft zurückziehen, in einer Phantasiewelt leben und sogar feindselig reagieren. Ich bin sicher, daß sie ein gestörtes Selbstbewußtsein haben. Oft kann man solchen Kindern auf dem Spielplatz begegnen. Sie scheinen kein größeres Vergnügen zu kennen, als sich gegenseitig zu treten und zu schubsen, miteinander zu ringen und zu kämpfen. In der Schule stoßen sie sich die Treppe hinunter, sorgen für Ärger am Trinkbrunnen oder werfen Essen in den Lunchraum. Doch hinter jedem Stoß und Tritt verbirgt sich der stille Schrei nach zärtlicher Berührung (Sidney B. Simon, Caring, Feeling, Touching - Pflegen, Fühlen, Berühren -, Argus Communications).

Im ersten Weltkrieg gab es in Europa ein Waisenhaus für obdachlose Kinder. Den Babys im zweiten Stock des Waisenhauses schien es recht gut zu gehen, während die Babys auf dem ersten und dritten Stock kränklich und dem Tode nahe waren.

Die Ärzte konnten sich nicht erklären, weshalb die Kinder im zweiten Stock gediehen. Nahrung und Hygienemaßnahmen waren im ganzen Haus gleich.

Am Ende ihrer erfolglosen Recherchen erfuhren die Ärzte, daß eine alte Putzfrau, die für den zweiten Stock verantwortlich war, wegen mangelnder Erledigung ihrer Aufgaben entlassen werden sollte. Anstatt in der Nachtschicht den Boden zu reinigen, hatte sie die schreienden Babys getröstet. Die alte Frau hatte die Kleinen mit etwas versorgt, das für ihre gesamte Entwicklung ebenso unentbehrlich war wie Essen und Sauberkeit. Während die Babys ohne Hautkontakt zugrunde gingen, blieben sie bei der nötigen Berührung am Leben.

Einem Kind die Berührung zu versagen, erweckt in ihm ein Gefühl von Minderwertigkeit. Durch zärtliche Berührung wollen wir zum Ausdruck bringen: Du bist mir nicht gleichgültig, ich mag dich, und du bedeutest mir etwas. Es ist die stumme Sprache der Liebe.

Im Augenblick der Berührung denkt der andere, daß nur er gemeint ist. Und dieses Gefühl von Ausschließlichkeit ist das erste Stadium der Liebe. Eine zärtliche Berührung will sagen: "In diesem Moment bist nur du allein für mich von Bedeutung."

Dr. Virginia Satir, Sozialwissenschaftlerin in Meno Park, Kalifornien, und Mitglied der Orthopsychiatrischen Gesellschaft in Amerika, ist überzeugt, daß Umarmungen Energie und seelische Kraft vermitteln. In einer ihrer Reden heißt es:

„Die Haut ist das größte Organ, das wir besitzen, und als solches braucht es eine Menge Pflege. Eine Umarmung kann einen großen Hautbezirk umfassen und die Botschaft vermitteln, daß der andere uns nicht gleichgültig ist. Einen Menschen umarmen bedeutet, daß wir offen sind zum Geben und Empfangen. Eine Umarmung gibt uns die Möglichkeit, dem anderen mitzuteilen, was wir für ihn empfinden. Das Schönste daran ist die Gegenseitigkeit. Du kannst gewöhnlich niemand umarmen, ohne selbst umarmt zu werden."

Dr. Satir meint, daß jeder Mensch im Durchschnitt vier Umarmungen zum Überleben braucht, acht zur Erhaltung und zwölf zum Wachstum. Innerhalb normaler Familienverhältnisse ist es nicht schwer, ein Baby zu hätscheln und zu liebkosen. Doch gewöhnlich tritt eine Änderung ein, wenn aus dem Kleinkind ein Schulkind wird, das allmählich zum Teenager heranwächst. Je älter das Kind wird, desto weniger Streicheleinheiten bekommt es gewöhnlich.

Doch Kinder kommen nie aus dem Streichelalter heraus - Erwachsene übrigens auch nicht. Unser Körper sehnt sich nach Berührung, besonders in einer Gesellschaft, die sich weitgehend distanziert verhält. In den meisten Familien besteht ein großer Hunger nach Zärtlichkeit. Wir brauchen diesen ständigen Kontakt als Beweis unserer gegenseitigen Zuneigung. Ist er nicht vorhanden, geht uns etwas in unserer Beziehung zueinander verloren. Wir verlieren das Gefühl dafür, daß der andere etwas Besonderes ist. Aber der tiefsitzende Hunger nach Berührung bleibt. Er schreit dem Nächsten gleichsam entgegen: "Nimm mich in deine Arme. Laß mich spüren, daß ich etwas wert bin." Es gibt keinen besseren Weg als den, Kindern durch Zärtlichkeiten und Umarmungen zu zeigen, wie wertvoll sie uns sind. Indem wir sie umarmen, fühlen sie sich geliebt und bestätigt. Sie spüren: "Ich bin etwas Besonderes, weil sich jemand die Mühe gemacht hat, mich liebzuhaben."

Erdnußbutter-Sandwiches und Doppelkekse

Manchmal gelingt es uns nur unter einem Vorwand, Zärtlichkeiten mit unseren Kindern auszutauschen. Wenn sie größer werden, schrecken sie gewöhnlich vor Zärtlichkeiten zurück. Jungen finden es "blöde" und peinlich, wenn Mutti ihnen einen Abschiedskuß gibt oder Vati sie umarmen will.

Warren und ich waren immer sehr zärtlich zu unseren Kindern gewesen, so daß es uns beunruhigte, wenn sie ungewohnt zurückhaltend waren. Als Gegenmittel fielen uns "Gelee- und Erdnußbuttertoast" und "Doppelkekse" ein. Sie machten es möglich, jedem Kind die nötigen Streicheleinheiten zu verabreichen.

Als unsere Kinder sehr klein waren, liebten sie uns mit allem, was sie hatten. Als sie größer wurden, machten wir um den Küchentisch Jagd auf sie, um eine Umarmung von ihnen zu erhaschen. Jetzt, anstatt um eine Umarmung zu bitten, sagen wir einfach: "Zeit für einen Doppelkeks." Es bedeutet, daß eins unserer Kinder sich auf eine Umarmung gefaßt machen muß. Da niemand weiß, wer gemeint ist, ergreifen alle Kinder die Flucht. Haben wir eins von ihnen erwischt, wird Warren gleichsam der obere Teil vom Keks, ich der untere, und wer dazwischen gerät, wird zur "Creme" - die natürlich mächtig kichert, während sie "verspeist" wird. Sollen vier dabei beteiligt werden, heißt es nur: "Sandwich mit Erdnußbutter und Gelee". Vati ist dann die eine Schnitte Brot, ich die andere, und die beiden Kinder in der Mitte Erdnußbutter und Gelee.

Wir mögen dieses kleine Spiel. Selbst unsere älteren Kinder haben die verrückte Taktik ihrer Eltern akzeptiert und lassen die zärtlichen Umarmungen über sich ergehen, obwohl sie sich winden müssen vor Lachen. Das Ganze ist bei uns zu Hause schon so zur Tradition geworden, daß Besucher das Ritual erklärt bekommen. Dabei sind Opa und Oma ebenso zu "Doppelkeksen" geworden wie einige unserer Freunde. Ich liebe es, in der Mitte zu sein. Jeder, der auf diese Weise die "Creme" war, hat zugeben müssen, wie gut man sich dabei fühlt.

Zärtliche Püffe, Klapse und innige Umarmungen

Jedes Mal, wenn Ihre Kleinen an Ihnen vorbeikommen, versuchen Sie sie zu berühren. Geben Sie ihnen einen Klaps auf den Popo, zausen Sie ihnen mit der Hand durch die Haare oder tätscheln Sie ihnen den Kopf. Umfassen Sie das Gesicht Ihrer Kinder sanft mit den Händen, schauen Sie ihnen in die Augen und küssen Sie sie auf die Wange. Sagen Sie ihnen, wie lieb Sie sie haben. Kitzeln Sie sie sanft an Armen und Beinen. Sie werden sehen, wie das den Kindern gefallen wird.

Sidney B. Simon empfiehlt in seinem Buch *"Caring, Feeling, Touching"* (Pflegen, Fühlen, Berühren), die Arme der Kinder zärtlich zu berühren, d. h. "sie vom Handgelenk bis zu den Schultern sanft zu drücken," gelegentlich auch leise zu kitzeln. Während Sie mit den Kindern fernsehen, probieren Sie diese Art der Berührung einmal aus.

Kinder haben es auch sehr gern, am Rücken und Hals gestreichelt zu werden. Man sollte dies gelegentlich tun, besonders bei Kindern, die schlecht einschlafen können.

Um meine Kinder morgens vor Schulbeginn zu wecken, reibe ich ihnen leicht den Rücken und sage: "Komm, du Schlafmütze, Zeit zum Aufstehen." Nach der ersten Überraschung erscheint dann gewöhnlich ein kleines Lächeln auf ihrem Gesicht. Das ist dann der Zeitpunkt, an dem aus dem Rückenreiben ein fröhlicher Kitzelwettkampf wird.

Nutzen Sie jede nur mögliche Gelegenheit, Ihre Kinder zärtlich zu berühren. Hören Sie nicht einfach damit auf, weil sie älter geworden sind. Gewöhnlich braucht dasjenige Ihrer Kinder Ihre Zärtlichkeit am nötigsten, das sich am meisten davor scheut. Machen Sie beharrlich weiter. Lassen Sie sich etwas einfallen, um Ihre Liebe zum Ausdruck zu bringen. Sagen Sie den Kindern, daß sie etwas ganz Besonderes sind, und wie sehr Sie sie mögen. Tätscheln Sie sie zärtlich, streicheln Sie ihnen über die Arme, drücken Sie ihnen liebevoll die Hand. Die Botschaft wird ihr Ziel nicht verfehlen!

Das Segnen unserer Kinder

Wenn wir in unsere Berührung den Segen Gottes hineinfließen lassen, so läßt dies unsere Kinder innerlich erstarken. Wir können bei jeder Berührung die Liebe Gottes an Menschen weitergeben. Ich glaube, daß Gott unsere Hände dafür gebrauchen möchte. Da er in mir lebt, bin ich gleichsam sein Vertreter. Ich bin ein Werkzeug seiner Liebe.

Ich versuche, niemals einen Tag vergehen zu lassen, an dem ich meine Kinder nicht gesegnet habe. Wenn ich ihnen morgens vor Schulbeginn einen Kuß gebe, stelle ich sie bewußt unter Gottes Schutz. Und wenn sie schlafen gehen, nehme ich sie in den Arm und segne sie für die Nacht. Haben sie eine schwere Aufgabe vor sich, dann versichere ich ihnen, daß ich Gott in dieser Sache um Segen für sie bitten werde.

Fängt die Schule wieder an, versammeln wir uns morgens und mein Mann hält eine Familienandacht, in der wir Gott um seinen besonderen Segen für das neue Schuljahr bitten.

Manchmal komme ich morgens vor lauter Arbeit nicht dazu, den Kindern zu sagen, wann ich speziell für sie beten werde. Die Zeit rennt mir einfach davon. Doch während des Tages denke ich im Gebet an sie. Ich bemühe mich, mir die Uhrzeit zu merken, an der sie diese große Prüfung oder jenen speziellen Sporttest zu bestehen haben, und ich bitte Gott um Segen für sie.

Liebesbriefchen

Haben Sie schon einmal daran gedacht, Ihrem Kind ein Briefchen mit in sein Lunchpaket zu packen? Es braucht ja nichts allzu Gefühlvolles zu sein. Meine Jungen würde das sehr in Verlegenheit bringen. Ich habe den Kindern zum Beispiel Briefchen mitgegeben, auf denen stand: "Ich denke an dich". Oder ich habe ein lustiges Gesicht gemalt und darunter geschrieben: "Einen frohen Tag!" John bekam einmal eine solche Nachricht von mir und wurde von allen Klassenkameraden darum beneidet. Wie stolz und bevorzugt kam er sich vor!

Der Kuß in der Tasche

Manchmal fällt es den Kleinen schwer, lange von ihrer Mutti getrennt zu sein. Sie wollen immer sicher sein, daß Mutti sie noch liebt und bestimmt zurückkommt. Um ihr Kind tagsüber an ihre Liebe zu erinnern, kam einer Mutter folgende Idee: Sie nahm ein Papiertaschentuch und drückte ihren rotgefärbten Mund darauf. Anschließend faltete sie es zu einem kleinen Viereck und tat es in die Tasche ihres Kindes. "So weißt du immer, daß Mutti dich sehr lieb hat", sagte sie. "Wenn du dich allein fühlst, dann denk dran, daß du meinen Kuß in der Tasche hast." Die Dame, die sich während der Abwesenheit der Mutter um das Kind gekümmert hatte, erzählte der Mutter später, wie oft das Kind in der Tasche nachgeschaut hatte, ob "der Kuß" noch da war.

Die Geburt der Kinder

Jedes Kind möchte wieder und wieder hören, unter welchen Umständen es geboren wurde. Es erfährt dabei, daß sein Geburtstag etwas ganz Besonderes für die Familie war. Alle hatten es gespannt erwartet, und vieles mußte geplant und für seine Ankunft vorbereitet werden.

Wir erzählen jedem unserer Kinder oft in genauen Einzelheiten, was sich vor und nach ihrer Geburt ereignet hat. Egal, wie alt sie sind, sie hören es ebenso gern, wie uns das Erzählen immer wieder Freude macht.

Zuerst erzählen wir ihnen, wie sehr wir uns Kinder gewünscht hatten. Die Empfängnis erklären wir als Gottes Wunder, das in Mutti stattgefunden hat. Vati und Mutti hatten sich lieb, und aus dieser Liebe entstanden die Kinder.

Schon bevor sie geboren wurden, waren sie etwas Besonderes. Gottes Hand war auf ihnen, als er ihr Inneres schuf *(Psalm 139)*. Auch damals schon wußte er alles über sie - ihren Namen, wie sie aussehen würden und zu welchem besonderen Zweck sie erschaffen waren. Wir erzählen den Kindern von den sanften Tritten, mit denen sie ihr baldiges Kommen angekündigt hatten, und sie erfahren, daß sie schon geliebt waren, bevor sie in unsere Familie hineingeboren wurden.

Dann beschreiben wir ihre Geburt und die lustigen Vorfälle, die damit verbunden waren, rechtzeitig in die Klinik zu kommen. Johnny und Elisabeth wurden in Neuguinea geboren. Da gab es Berge zu erklimmen, Flüge mit dem Hubschrauber ins Hospital und gefährliche Fahrten mit dem Jeep über holprige Straßen.

Die Aufregung wächst, je näher die Geburt heranrückt. Waren sie schöne Babys? Nein, schön nicht, aber geliebt - trotz der vielen Falten und den langen Köpfen, die aussahen, als seien sie aus der Form geraten. Doch diese winzigen Wesen waren ein Teil von uns - das war überhaupt keine Frage! Sie möchten mehr und mehr darüber hören, weil es dabei um sie geht. Sie spüren, daß sie wertgeachtet sind. Und so erzählen wir von ihrer Kleinkinderzeit mit all den drolligen und lustigen Vorfällen, in die sie sich hineinmanövrierten. Jedes Kind war verschieden und machte uns in einer Weise Freude, die ganz allein seinen Charakterzügen entsprach.

Die Bedeutung der Namen

Als kleines Mädchen erklärte mir meine Mutter, daß Elise "die Gottgeweihte" bedeutet. Welch tiefen Eindruck hat das seinerzeit auf mich gemacht! Ich war jemand, der Gott geweiht war.

Vor einigen Jahren haben mein Mann und ich die Bedeutung der Namen unserer Kinder und anderer Familienmitglieder herausgesucht. In Sprüche 22,1 heißt es nämlich: *"Ein guter Name ist vorzüglicher als großer Reichtum."* Jeder in unserer Familie sollte die Bedeutung seines Namens und die damit verbundene geistliche Aussage kennenlernen. Zur täglichen Erinnerung haben wir die Namen unserer Kinder, samt ihrer säkularen und geistlichen Bedeutung, auf Holztäfelchen angebracht und diese in der Küche aufgehängt.

Paul war nicht gerade begeistert, als er erfuhr, daß sein Name "schwach" oder "klein" bedeutet. Welche geistliche Bedeutung konnte sich hinter einem solchen Begriff verbergen? Mit Hilfe einer Konkordanz fand ich einen Bibelvers, den Paul als Motto über sein Leben stellen konnte: *"Wenn ihr Glauben habt wie ein Senfkorn, so werdet ihr zu diesem Berg sagen: Hebe dich weg von hier dorthin! Und er wird sich hinwegheben. Und nichts wird euch unmöglich sein"* (Matthäus 17,20). Gott kennt jedes unserer Kinder mit Namen. Er möchte, daß sie wissen, wieviel sie ihm wert sind.

Ein besonderer Tag für jeden

In großen Familien kann es vorkommen, daß ein Kind gleichsam in der Masse untergeht. Man feiert zwar seinen Geburtstag, aber das restliche Jahr hindurch ist es nichts anderes als ein Glied der Familie.

Wir müssen uns inmitten unseres geschäftigen Alltags Zeit nehmen, um den Kindern zu zeigen, wie besonders wertvoll sie uns sind. Wir haben diesen Brauch bei uns eingeführt, als die Kinder kleiner waren, und sie erinnern sich noch gut daran.

Der Freitag pflegte abwechselnd für jedes der Kinder ein besonderer Tag zu sein. Gewöhnlich fingen wir mit dem jüngsten Kind an, aber nur, weil ihm das Warten auf diesen Tag besonders schwerfiel.

Der Tag begann mit einem speziellen Wecken. Ich kam ins Zimmer, strich dem Kind zärtlich über den Rücken und flüsterte ihm ins Ohr: "Heute ist dein Tag, Johnny. Komm, steh auf, damit uns keine Zeit verloren geht." Johnny war der König des Tages. Er brauchte nichts zu tun, denn seine Aufgaben im Haus wurden von seinen Brüdern und Schwestern übernommen. Selbst sein Bett brauchte er an diesem Tag nicht zu machen. Und er durfte wählen, was es zum Abendessen geben sollte. Manchmal dachte ich mit Schaudern an sein Lieblingsessen - Cheerios, Hamburger und Eis als Nachtisch.

Ein anderes Privileg dieses Tages bestand darin, daß der König auf Papas Platz sitzen durfte - und das bei allen Mahlzeiten.

Mit einigen Einschränkungen war es ihm auch erlaubt, seine Lieblingssendungen im Fernsehen anzuschauen. In einer Familie mit vier Kindern und einem einzigen Fernsehgerät gibt es manchmal ein wildes Durcheinander bei der Frage, wer welches Programm sehen darf. An unserem besonderen Kindertag blieben wir davon verschont.

Jedes Kind freute sich schon Wochen vorher auf "seinen" Tag. War es dann endlich soweit, konnte es sich fast nicht mehr beherrschen. Immer dachte es in der Schule ans Heimkommen.

Zu Hause war ein Schild an der Tür befestigt, auf dem zu lesen stand: "Heute ist Johnnys Tag." Er war ja so aufgeregt! Als Paul und David älter wurden, mußte das Schild verschwinden. Angeblich würden die Nachbarjungen sie auslachen, wenn sie es sähen. Später mußten sie aber feststellen, daß ihre Freunde sie deswegen richtig beneideten.

Beim Abendessen wurde das Königskind, das eine Krone auf dem Kopf tragen durfte, als erstes bedient und bekam während des Essens grundsätzlich nur angenehme Dinge über sich zu hören. Auch die Einzelheiten seiner Geburt waren Teil dieses Rituals. Schließlich endete die gemeinsame Mahlzeit mit einem besonderen Segensgebet für das Königskind.

Jede Woche wurde jemand anderes zum König erkoren. Selbst Vati und Mutti waren nicht ausgenommen.

Es bedeutete ziemlich viel Arbeit, jede Woche für jemanden aus der Familie einen solchen Tag zu planen. Besondere Nahrungsmittel wurden eingekauft und zubereitet, und dem Kind mußte viel Zeit gewidmet werden. Doch die investierte Zeit hat sich gelohnt und uns als Familie mit einem Schatz beglückender Erinnerungen beschenkt. Manchmal fühle ich den Wunsch in mir, diese Familientradition wieder aufleben zu lassen. Ich bin sicher, die Kinder würden sich auch heute noch darüber freuen. Vermutlich wären die Schilder, die Kronen und einiges andere nicht mehr angemessen, doch das Bewußtsein, etwas Besonderes zu sein, wäre bestimmt noch da.

Wenn die Kinder größer werden, wird das Planen immer schwieriger. Es ist deshalb wichtig, für Erinnerungen zu sorgen, solange die Kinder noch klein und zu Hause sind. Später wird dafür keine Zeit mehr sein.

Gott liebt dich, und ich tue es auch

Immer wieder versuchte ich meinen Kleinen einzuprägen, daß sie von uns und Gott geliebt waren. Und so zählten wir ihnen die einzelnen Personen auf, von denen sie geliebt wurden: Vati und Mutti, die Geschwister und verschiedene Verwandte und Freunde. "Doch von wem werdet ihr noch viel viel mehr geliebt?" pflegten wir dann am Schluß zu fragen. "Natürlich von Jesus."

Diese Zusicherung unserer Liebe und der Liebe Gottes gehörte ganz einfach zu ihrem Alltag. Schon unsere Kleinsten lernten den Vers in Johannes 3,16. Statt "Welt" setzten wir dann manchmal den Namen der Kinder ein: "So sehr hat Gott (John, Paul, Elisabeth, David) geliebt ..."

Es gibt viele Möglichkeiten, unseren Kindern zu zeigen, wie wertvoll sie uns und Gott sind. Einer Mutter fiel es zeitweise sehr schwer, mit ihrem Sohn umzugehen. Der Arzt hatte einen krankhaft gesteigerten Bewegungsdrang bei ihm festgestellt, der in der Schule und zu Hause echte Verhaltensstörungen zur Folge hatte. Sie fand es deshalb sehr schwer, etwas Lobenswertes an ihm zu finden. Sie gab sogar zu, daß sie ihn manchmal einfach nicht leiden konnte. Ständig hatte sie gegen seinen Widerstand anzukämpfen, und es gab Streit. Etwas Gutes an ihm zu finden, schien ihr fast unmöglich - bis sie die Sache im Gebet vor Gott brachte. Sie wußte, daß Gott ihren Jungen liebte und wertachtete. Er würde ihr einen Weg zeigen, um mit dieser Situation fertigzuwerden.

Der Junge liebte es, Geschichten zu erfinden, so daß seine Mutter nie wußte, wann er die Wahrheit sagte. Als Gott ihr zeigte, daß ihr Sohn über eine lebhafte Phantasie und eine erstaunliche Kreativität in diesem Bereich verfügte, wußte sie, daß sie einen Ausgangspunkt gefunden hatte, um etwas Gutes an ihm zu entdecken.

Eines Tages lobte sie ihn für die "kreative" Geschichte, die er ihr gerade erzählt hatte. Der Junge war völlig überrascht von der Reaktion seiner Mutter. Er hatte natürlich erwartet, daß sie ihn der Lüge bezichtigen würde. Statt dessen bat sie ihn, noch eine Geschichte für sie zu erfinden und hörte ihm gespannt zu. Der Junge war selig. Nachdem sie ihn verschiedentlich auf den Schoß genommen und sich Zeit zum Zuhören genommen hatte, merkte sie, daß sich bei ihm eine Veränderung abzeichnete. Er lernte es, seine Phantasie auf schöpferische Weise zu nutzen. Später wurde er sehr geschickt im Schreiben und Erzählen von Geschichten.

Ihre Beziehung zueinander besserte sich, als die Mutter ihrem Sohn mehr Zärtlichkeit entgegenbrachte, ihm zuhörte und begann, ihn für ganz bestimmte Dinge, die gut bei ihm waren, zu loben.

Eine Extraportion Liebe kann bei uns allen so viel bewirken. Und so wird jedes Kind, das in einer liebevollen Umgebung heranwächst, davor bewahrt bleiben, an seinem Selbstwert zu zweifeln.

Haben Sie dafür gesorgt, daß Ihre Kinder sich ihres Wertes bewußt sind? Gott wird Ihnen helfen, Ihrer Liebe zu Ihren Kindern in schöpferischer Weise Ausdruck zu geben. Das Gefühl, von besonderem Wert zu sein, ist wichtiger als jeder materielle Wert, den Sie Ihren Kindern mitgeben können.

Familientraditionen

"Soll das heißen, daß es dieses Jahr keine Osterkörbchen gibt? Wie kannst du uns das antun! Wir haben doch immer welche bekommen!" Das bekamen wir zu hören, als wir unseren Kindern sagten, daß der Osterbrauch mit den Körbchen dieses Jahr wegfallen würde. Der langgehegte Traum unserer Familie, einmal das Heilige Land zu besuchen, ging endlich in Erfüllung. Am Ostermontag wollten wir aufbrechen, um zehn herrliche Tage in Jordanien, Israel und Ägypten zu verleben. Es kam mir töricht vor, für die üblichen Ostersüßigkeiten, die flauschigen Küken, Häschen und anderen Dinge, die zum Ostersonntag gehörten, Geld auszugeben. Das alles paßte weder zu meinen eifrigen Reisevorbereitungen noch zu der Tatsache, daß wir uns ja in wenigen Tagen auf den Spuren Jesu befinden würden. "Schließlich sind sie aus den Kinderschuhen heraus", sagte ich mir. Sie waren, was man "aufgeklärte" Teenager nennt. Bestimmt würden sie meinen Standpunkt verstehen. Doch das Gegenteil war der Fall. Ich sah mich einem Mini-Aufstand gegenüber. Es spielte keine Rolle, wie alt sie waren. Meine Teenager waren dabei, sich in Selbstmitleid aufzulösen. Es fiel ihnen nicht leicht, einen Brauch aufzugeben, der seit ihrer frühesten Kindheit zu ihrem Leben gehört hatte. Sie liebten die Spannung in der Nacht vor dem Osterfest und die Vorfreude auf die von uns sorgfältig versteckten Körbchen. Oft hörte ich, wie sie darüber diskutierten, ob Mutti und Vati wohl in der Lage wären, sich neue Verstecke auszudenken. Es konnte ja bald keine neuen mehr geben. Doch jedes Jahr schafften wir es, sie wieder zu überraschen. Das ganze Haus wurde zum Expeditionsfeld erklärt. Einmal versteckten wir Davids Körbchen so gut, daß er es erst am Nachmittag fand. Völlig frustriert, bat er uns schließlich, ihn mit "heiß" oder "kalt" auf die richtige Spur zu locken, was nach Meinung der Kinder nur im äußersten Notfall gestattet war.

In meiner Kindheit war dieser Brauch bei uns ebenfalls üblich. Erst als ich 21 und bereits verheiratet war, hörte meine Mutter auf, mich am Ostermorgen mit einem Körbchen zu überraschen. Selbst als junge Erwachsene war das Empfinden von damals in mir lebendig - das kleine Mädchen in mir regte sich. Das alles war gut und richtig so. Ich fühlte mich geliebt, behütet und angenommen.

Die Bedeutung familiärer Bräuche

Durch den Vorfall mit den Osterkörbchen wurde mir neu bewußt, welch große Bedeutung gewisse familiäre Bräuche und die daraus resultierenden Erinnerungen für unsere Kinder hatten. Nicht die Süßigkeiten und Naschereien waren es, die sie interessierten. Es waren vielmehr die Aufregung und die damit verbundene liebevolle Zuwendung, die dieses Familienfest jedes Jahr zu einem Freudenfest gemacht hatten. In einem Artikel mit der Überschrift "Festefeiern ist Familiensache", der am 23. Dezember 1981 in den *Detroit News* erschien, hieß es: Sozialwissenschaftler sind überzeugt, daß solche Bräuche innerhalb einer Familie von Wichtigkeit sind, weil der einzelne sich als Teil einer Gruppe erlebt mit gemeinsamer Überlieferung. "Festliche Bräuche tragen dazu bei, daß die Familienmitglieder sich stärker miteinander verbunden fühlen und sich ihrer gegenseitigen Verantwortung neu bewußt werden", sagt Dr. Thomas J. Powell, Professor für Sozialarbeit an der Universität von Michigan.

"Gewisse Überlieferungen verhelfen dazu, daß man sich einander mit dem Gefühl nähert: 'Laßt uns etwas tun, was uns von uns selbst wegführt'".

Solches Brauchtum sorgt für eine "kollektive Einmaligkeit, eine gewisse Stabilität und Kontinuität in der Familie", fügt Dr. J. Ross Eshleman hinzu, Vorsitzender der Abteilung für Soziologie an der staatlichen Universität von Wayne.

"Sie stärken das Selbstbewußtsein und vermitteln ein größeres Zugehörigkeitsgefühl zur Familie."

Jay Schvandveldt, Soziologin an der Universität des Staates Utah, die Hunderte von Familien auf ihre Bräuche hin untersucht hat, stellte fest, daß die Familienbande um so stärker waren, je mehr die Traditionen in einer Familie gepflegt wurden.

Ihre Bedeutung liegt weniger in dem begründet, was faktisch gesagt oder getan wird, sondern in dem, was sie bewirken. Die gemeinsamen Erfahrungen stärken den Gemeinschaftsgeist und erzeugen durch ihre ständige Wiederholung ein Gefühl von "Richtigkeit". Die Festbräuche sind mehr als alles andere ein Symbol dafür, was die einzelnen Familienmitglieder füreinander empfinden. ("The Joy of Family Rituals" - Traditionen in der Familie und ihre Freuden - , *McCall's, Dezember 1981).*

Die Bräuche, die wir in der Familie entwickeln, gehören mit zu dem Besten, was wir unseren Kindern mitgeben können. Sie bewirken, daß eine Familie zusammenspielt und liebevoll aufeinander eingeht. Eine Familie mit vielen Traditionen freut sich, beisammen zu sein. Die Bräuche sind und bleiben der verbindende Faktor, auch dann noch, wenn die Kinder schon selbst Familie haben.

Die feiernde Familie

Mein Mann und ich betrachten es als Segen, daß wir beide in einer Familie mit festen Traditionen groß wurden. Zu Beginn unserer Ehe bewirkte das starke Zugehörigkeitsgefühl zu unseren eigenen Familien manche Unstimmigkeiten zwischen uns. Wenn das Weihnachtsfest nahte, mußte zum Beispiel entschieden werden, wo wir Heiligabend und die übrigen Feiertage verbringen sollten. Ich konnte mir einfach nicht vorstellen, daß wir Weihnachten irgendwo anders als bei uns zu Hause feiern würden. Alles, was für mich seit jeher mit diesem Fest verbunden war, zog mich heimwärts. Und Warren empfand gegenüber seiner Familie ganz genauso.

So geschah es, daß unser erstes Weihnachtsfest in Neuguinea, weit entfernt von unseren Angehörigen und Freunden, zu einem sehr einsamen Fest für uns beide wurde. Ein schmuckloses Fest ohne Weihnachtsfeiern, ohne Truthahnfestessen, ohne gegenseitige Geschenke und ohne Plätzchenbäckerei. Ich konnte damals an nichts anderes denken, als an unser Zuhause und all die vielgeliebten Weihnachtsbräuche, von denen wir ausgeschlossen waren. In jener einsamen Nacht hätte ich sehr viel dafür gegeben, hätte ich die 12000 Meilen nach Hause fliegen können ...

Als unsere kleine Familie größer wurde, begannen wir mit der Einführung unserer eigenen Familienbräuche. Wir hatten uns an unsere neue Umgebung und das Getrenntsein von unseren Familien gewöhnt. Noch heute spüre ich eine leise Sehnsucht nach den vertrauten Bräuchen meiner Kindheit in mir, doch die Freude darüber, daß meine Familie inzwischen auf eigene Traditionen und Festtagsbräuche zurückblicken kann, überwiegt den Verlust bei weitem. Wir sind eine feiernde Familie geworden. Der Tag rückt immer näher, an dem unsere Kinder ihr behütetes Nest verlassen werden. Wird das gemeinsame Feiern in ihrer Kindheit dann genug Zugkraft haben, um sie nach Hause zurückzubringen? Es ist mein Gebet, daß sie immer mit Freuden nach Hause zurückkehren, doch wichtiger ist es mir, daß sie unsere Familienbräuche als ein ihnen hinterlassenes, wertvolles Erbe an ihre eigenen Nachkommen weitergeben.

Nie war das gemeinsame Feiern in der Familie so notwendig wie heute, denn wo miteinander gefeiert wird, kommt es zu einem solchen Empfinden von Einheit und Zusammengehörigkeit, wie es nach Meinung der Soziologen heute in den wenigsten Familien anzutreffen ist. Eine Familie, die miteinander feiert, ist eine glückliche Familie. Man freut sich ganz einfach am Leben.

In unserer sich entwickelnden Familie mit vier kleinen Kindern lernten wir, jede nur mögliche Gelegenheit zum Feiern zu nutzen: der Verlust des ersten Zahns, der erste Schul- und Ferientag, die Ausgabe der Zeugnisse und das Auftreten gewisser Musikgruppen. Auch Basketball-, Baseball- und Fußballspiele dienten uns jedesmal als Vorwand für irgendeine Feier. Zur gemeinsamen Erinnerung an diese Ereignisse machten wir zum Beispiel am Kiosk um die Ecke oder am Pizzastand halt, oder wir kauften einfach eine Riesenmenge Eis mit Sahne.

Unsere jährlichen Angelferien sind immer von einem Brauch begleitet gewesen, der für Elisabeth und mich bis heute schwer zu verkraften ist. Doch wir haben es ertragen gelernt und sind zu dem Schluß gekommen, daß die Ferien ohne diesen besonderen Akzent nicht mehr die gleichen wären. Wochen vor dem Abreisetag belegen Vati und die Jungen das Wohnzimmer. Überall verstreut liegen Kästen mit Ausrüstungsgegenständen herum, außerdem Schnurrollen und Angelschnur, alle möglichen Köder und künstlichen Leckerbissen für die Fische. Die Prozedur beginnt damit, daß die Kästen ausgeleert werden. Der Inhalt wird zunächst Stück für Stück auf Mängel untersucht und anschließend gründlich gereinigt. Der fällige Silberputz könnte nicht aufwendiger sein ... Am Schluß wird eine Liste mit allen erforderlichen Utensilien aufgestellt, damit dieser Angelausflug zu einem nie dagewesenen Erfolg werden kann.

Während unsere Männer ernsthaft ihrer Aufgabe nachgehen, bekommen Elisabeth und ich Anglerlatein aus den Vorjahren zu hören. Warren holt einen Köder heraus: "Wißt ihr noch, wie der ‚sagenhafte Georg' damals angebissen hat? Er hat mindestens seine 25

Pfund gewogen!" erzählt Warren begeistert, worauf die Jungen zustimmend nicken. Wie wertvoll sind diese Augenblicke, die Warren mit seinen Söhnen verbringt! Mit runden Augen sitzen sie zu seinen Füßen und bewundern ihren Vater, der soviel vom Angeln versteht!

Obwohl wir nicht nachvollziehen können, weshalb unsere Männer diese Aufgabe so ernst nehmen, haben wir ihr Tun als Teil eines Familienrituals akzeptiert. Jedesmal - trotz vieler Neckereien wegen ihres "Anglerlateins" - werden Liz und ich zum großen Finale dieses Rituals eingeladen: der gemeinsamen Fahrt zum örtlichen Anglergeschäft, um das so dringend benötigte Zubehör zur Vervollständigung ihrer Ausrüstung einzukaufen.

Diese Bräuche sind für uns als Familie wichtig. Sie haben sich unseren Kindern als liebe Erinnerungen eingeprägt. Doch viel wichtiger und bedeutsamer ist die Tatsache, daß sie sich förderlich auf die Liebe und Einheit in unserer Familie ausgewirkt haben. Wir haben etwas gepflanzt, das Generationen nach uns pflegen, beschneiden und den Gegebenheiten anpassen werden.

Das Feiern weltlicher Feste ist für jede Familie von Bedeutung, doch noch wichtiger sind Traditionen mit geistlichem Inhalt für die Familie. Daß eine Sehnsucht nach solchem geistlich orientiertem Feiern besteht, ist aus der Tatsache ersichtlich, daß so viele junge Menschen heute den Sekten verfallen und immer mehr ältere Menschen in unseren Kirchen sich ritualistischen Gruppen anschließen.

Aus dem Wege geistlicher Traditionen lernen Kinder, wie man seinen Glauben erfahren und zum Ausdruck bringen kann. Es kommt zu einem lebendigen Austausch zwischen den einzelnen Familienmitgliedern, der von der Liebe Gottes bestimmt ist.

Zeichen und Symbole

Kinder brauchen Beweise, die sie sehen und anfassen können, Erfahrungen, die ihr Gefühl ansprechen.

Als ich selbst unterrichtete, war ich mir der Bedeutung visueller Hilfsmittel oder des Unterrichts am Objekt bewußt. Ich konnte den Kindern etwas wieder und wieder erklären, der Groschen fiel gewöhnlich erst dann, wenn ich beim Erklären einen Gegenstand zu Hilfe nahm. Traditionelle Bräuche sind auch so etwas wie ein visuelles Hilfsmittel.

In seinem Buch "The Christian Family" (Die christliche Familie) sagt Larry Christenson folgendes in bezug auf den Gebrauch von Symbolen und visuellen Hilfsmitteln: *"Ein Symbol kann die Wahrheit einfacher und tiefer zum Ausdruck bringen als bloße Worte. Die christlichen Symbole sind geistlichen Fenstern vergleichbar, durch die die Wahrheit Gottes hindurchleuchtet."* Symbole sind stumme Lehrer, die visuell zum Ausdruck bringen, was sonst mit vielen Worten beschrieben werden müßte.

Gott weiß, daß wir Symbole brauchen, um uns seine Liebe zu vergegenwärtigen und uns das Feiern zu erleichtern. Als das Volk Israel den Jordan überquerte, machte Gott seine Verheißung auf symbolischem Wege verständlich:

„Und Josua sagte zu ihnen: Geht hinüber vor der Lade des Herrn, eures Gottes, mitten in den Jordan, und hebt euch jeder einen Stein auf seine Schulter, nach der Zahl der Stämme der Söhne Israel, damit dies ein Zeichen in eurer Mitte sei! Wenn eure Kinder künftig fragen: Was bedeuten euch diese Steine? - dann sollt ihr ihnen sagen: Das Wasser des Jordan wurde vor der Lade des Bundes des Herrn abgeschnitten. Bei ihrem Durchzug durch den Jordan wurde das Wasser des Jordan abgeschnitten! Und diese Steine sollen den Söhnen Israel für alle Zeiten zur Erinnerung dienen" (Josua 4, 5-7).

Das Volk Israel war reich an Überlieferungen, die zu einem großen Teil von Gott persönlich eingesetzt waren. Das Schlachten des untadeligen Passahlamms, das Blut an den Türpfosten, der Sauerteig, der in jedem Haus zu verschwinden hatte, das Passahmahl - das alles sind Traditionen, die Gott zu einem besonderen Zweck eingesetzt hatte. *„Und es sei dir ein Zeichen auf deiner Hand und ein Gedenkzeichen zwischen deinen Augen, damit das Gesetz des Herrn in deinem Mund sei; denn mit starker Hand hat dich der Herr aus Ägypten herausgeführt. Und es soll geschehen, wenn dich künftig dein Sohn fragt: Was bedeutet das?, dann sollst du zu ihm sagen: Mit starker Hand hat uns der Herr aus Ägypten herausgeführt, aus dem Sklavenhaus"* (2. Mose 13, 9, 14).

In 5. Mose 6,7-9 wird uns befohlen, daß wir unseren Kindern Gottes Gebote nahebringen sollen: *„Und du sollst sie deinen Kindern einschärfen, und du sollst davon reden, wenn du in deinem Hause sitzt und wenn du auf dem Weg gehst, wenn du dich hinlegst* *und wenn du aufstehst. Und du sollst sie als Zeichen auf deine Hand binden, und sie sollen als Merkzeichen zwischen deinen Augen sein, und du sollst sie auf die Pfosten deines Hauses und an deine Tore schreiben."*

Jede gläubige jüdische Familie soll sich mit Hilfe religiöser Traditionen und Symbole an ihre Geschichte und an ihren Gott erinnern. Eines dieser Symbole an den Pfosten jedes orthodoxen jüdischen Heims ist ein kleiner rechteckiger Kasten. In ihm befindet sich das bedeutsame Wort aus 5. Mose 6,4-9, das mit dem Aufruf beginnt: *"Höre, Israel: Der Herr ist unser Gott, der Herr allein!"*

Wenn sie zur Tür hereinkommen, müssen sie diesen Kasten berühren, damit klar wird, daß Gott Jehova Herr ist in diesem Haus: Er, der Eine, ist unser Gott! Wie schön ist es, ständig an die Gegenwart Gottes erinnert zu werden.

Herzstück jeder religiösen Tradition sollte natürlich ein persönliches Verhältnis zu Gott sein. Ist dieses nicht vorhanden, bleibt die Überlieferung für unser geistliches Leben ohne Bedeutung. Jesus nahm kein Blatt vor den Mund, als er die Schriftgelehrten und Pharisäer der traditionellen Gesetze wegen tadelte, die sie befolgten. Dabei waren es nicht die Traditionen an sich, die er kritisierte, sondern die Tatsache, daß die Pharisäer diese in den Rang guter Werke erhoben hatten, anstatt damit ihrer Liebe zu Gott Ausdruck zu geben. *"Dieses Volk da behauptet, mich zu ehren. Aber sie ehren mich nur mit Worten, mit dem Herzen sind sie weit weg von mir. Ihr ganzer Gottesdienst ist sinnlos, denn er besteht nur in der Befolgung von Vorschriften, die Menschen sich ausgedacht haben"* *(Jesaja 29,13, GN).*

Beginnen Sie mit dem Feiern

Nicht bei allen Familien ist das Feiern etwas Selbstverständliches. Es läßt sich vielfach eine gewisse Scheu und verschämte Zurückhaltung beobachten, wenn es darum geht, Gefühle zum Ausdruck zu bringen. Wenn Ihrer Familie das gemeinsame Feiern noch nicht vertraut ist, Sie es sich aber wünschen, dann denken Sie daran, daß Gott Ihre Wünsche berücksichtigt. Wenn der Herr bei uns an erster Stelle steht, ist er nur zu gern bereit, das Nötige zu veranlassen, damit Wünsche, die seinem Willen entsprechen, in Erfüllung gehen.

Zunächst wird es nicht ganz einfach sein, doch mit ein wenig Ausdauer wird es gelingen. Am Anfang fühlen Sie sich vielleicht noch unsicher, doch Ihre Kinder werden die Liebe und Begeisterung spüren, mit der Sie darangehen, in Ihrer Familie für geistliche Traditionen zu sorgen.

Fangen Sie einfach an. Erklären Sie Ihren Kindern, was Sie vorhaben und welchen Zweck Sie damit verfolgen. Wenn sie schon alt genug sind, erklären Sie den Kindern, wie wichtig es ist, als Familie miteinander zu feiern. Kennen Sie eine Familie, die das gemeinsame Feiern schon praktiziert? Dann bitten Sie um die nötige Starthilfe. Was immer Sie in Erwägung ziehen -, schieben Sie es nicht auf, bis Ihre Kinder größer sind.

Wenn Sie die Kunst des säkularen Feierns schon beherrschen, wird es Ihnen vermutlich nicht schwerfallen, auch Feste mit geistlichem Inhalt zu gestalten.

Ein guter Einstieg hierfür sind die religiösen Feiertage. Im nächsten Abschnitt möchte ich Sie deshalb auf einige der vielen Möglichkeiten hinweisen, in denen wir schon verschiedene religiöse Feste gefeiert haben.

Weihnachten

Die Weihnachtszeit eignet sich besonders gut, um geistliche Bräuche in der Familie einzuführen. Vier Wochen vor Weihnachten beginnen wir Advent ("Ankunft") zu feiern. Am ersten Adventssonntag zünden wir die erste Kerze auf unserem Adventskranz an, und an den nächsten Sonntagen folgt jeweils eine weitere. Jeden Tag, wenn wir die Kerzen anzünden, lesen wir den Schriftabschnitt, der für diesen Tag auf unserem Adventskalender vermerkt ist.

Unser Adventskranz hat fünf Kerzen - drei sind lila, eine ist rosa und eine, die ihren Platz in der Mitte hat, ist weiß. Die lilafarbenen Kerzen stehen für Demut und Buße, für die Abkehr von der Sünde und für unsere innere Vorbereitung auf die Wiederkunft unseres Herrn Jesus. Sie sollen uns auch daran erinnern, daß echte Weihnachtsfreude erst möglich wird, wenn wir unsere Sünde vor Gott bekennen und die Vergebung durch seinen Sohn Jesus Christus für uns in Anspruch nehmen. Das Immergrün des Kranzes soll das Leben symbolisieren, das uns in Christus gegeben ist, denn in der winterlichen Eintönigkeit der Natur behalten diese Pflanzen ihr grünes Kleid. Die runde Form des Kranzes ist ein Hinweis auf unser Einssein in Jesus Christus.

Die angezündeten Kerzen gelten als Sinnbild für das Kommen Jesu. Er ist das lebendige Licht der Welt. Indem wir jede Woche eine weitere Kerze anzünden, bringen wir zum Ausdruck, daß sein Licht immer heller wird, während wir auf seine Ankunft warten.

Am Heiligen Abend werden alle vier Kerzen am Kranz angezündet; auch die fünfte in der Mitte, die die Geburt Christi symbolisiert. Einige Familien stellen anstelle der weißen Kerze eine kleine Krippe mit dem Jesuskind in die Mitte.

Ein anderer adventlicher Brauch besteht im Füllen der sogenannten "Adventskrippe". Auch hierbei wird die tägliche Bibellese benutzt, die im Adventskalender angegeben ist.

Die Familie arbeitet gemeinsam daran, aus Karton oder Sperrholz eine Krippe zu basteln, für die ein wenig Stroh besorgt wird. Anschließend legt man in die fertige Krippe eine kleine, in ein Tuch gewickelte Puppe, die das Jesuskind darstellen soll.

Jeden Tag, nachdem der im Adventskalender vorgesehene Bibelvers vorgelesen worden ist, nimmt jeder in der Familie einen Strohhalm und legt ihn in die Krippe. Dieser Vorgang soll unsere innere Vorbereitung auf das Kommen Jesu versinnbildlichen, damit er unsere Herzen regiert. Ebenso wie wir dem Jesuskind ein angenehm weiches Lager bereiten, so wollen wir auch unsere Herzen bereit machen, um Jesus und seine Liebe hineinzulassen.

Ein weiterer Brauch bei uns zu Hause bezieht sich auf das Dekorieren des Weihnachtsbaums. Im Laufe der Jahre haben wir eine Menge selbstgemachten Baumschmucks von lieben Freunden bekommen. Auch die Kinder haben manches für uns gebastelt, das uns lieb und wert ist. Ich nenne unseren Weihnachtsbaum unseren "Schatzbaum", weil er voller Erinnerungsstücke an Menschen ist, die uns etwas bedeuten. Beim Aufhängen der einzelnen Dinge werden wir an die Lieben erinnert, die sie uns geschenkt haben, und wir bitten den Herrn, sie an diesem Weihnachtsfest zu segnen. Oft kommt uns ein lustiger Vorfall oder ein besonders prägnanter Charakterzug des jeweiligen Gebers in Erinnerung und wir haben viel Spaß miteinander. Das alles festigt die Familienbande und sorgt für neue Erinnerungen.

Wegen der Vermarktung des Weihnachtsfestes haben wir unseren Kindern gegenüber zu betonen versucht, daß Jesu Geburt für uns im Mittelpunkt stehen sollte. Als ich Kind war, wurden die Lichter am Weihnachtsbaum niemals vor dem Heiligen Abend angezündet. Die hellen Kerzen sollten gleichsam ein Zeichen sein für die Geburt des Herrn.

Wenn Ihre Kinder noch klein sind, schenken Sie jedem von ihnen vielleicht eine Krippe. Sie braucht nicht teuer zu sein, sollte aber bewegliche Figuren haben. Unsere Kinder haben an jedem Weihnachtsfest Stunden damit verbracht, die Figuren immer wieder anders hinzustellen. Dabei konnten wir oft hören, wie sie sich gegenseitig die Weihnachtsgeschichte erzählten.

Ostern

Auch die Osterzeit bietet sich an, um gewisse Bräuche in der Familie einzuführen. Wir beginnen 40 Tage vor Ostern, uns auf das Fest vorzubereiten, und zwar am Aschermittwoch, mit dem eine Zeit aufrichtiger Buße und Meditation über das Leiden und Sterben unseres Herrn Jesus eingeleitet wird. Es ist eine Zeit, in der das Gebet, das Bibellesen und der Wunsch, vom Heiligen Geist geführt zu werden, im Mittelpunkt stehen. Dies ist nicht ausschließlich in der Fastenzeit so, doch in dieser Zeit wird uns unser Versagen, für Christus zu leben, besonders bewußt. Die Fastenzeit beinhaltet den Ruf zu einer völligeren Hingabe. In unserer Familie ist es Brauch, daß jeder in der Fastenzeit etwas aufgibt - zur Erinnerung an das Opfer, das Jesus für uns gebracht hat. Wenn unseren Kindern das schwerfällt, schlagen wir ihnen ersatzweise vor, Jesus etwas Spezielles zu schenken: z. B. mehr Zeit für das Gespräch mit ihm, erspartes Geld für die Mission, Freundlichkeiten gegenüber den Mitmenschen, besondere Dienste in der Gemeinde. Die Fastenzeit ist für die Familie eine gute Gelegenheit, das gemeinsame Beten einzuüben. Falls Sie noch nie miteinander gebetet haben, sollten Sie diese Zeit nutzen, um Ihren Kinder das Gebet nahezubringen.

Fangen Sie langsam und einfach an. Wenn die Kinder zum Frühstück in ihren Hochstühlen oder am Tisch sitzen, erklären Sie ihnen, daß jetzt alle die Hände falten und dem Herrn für das Essen danken werden.

Die Gebete der Kinder brauchen nicht lang oder kompliziert zu sein. Es wird Sie vermutlich überraschen, wie aufrichtig und wahrhaftig die Kindergebete sind. Was sie sagen, kommt direkt aus ihrem Herzen.

Wenn Sie Ihren Kinder zeigen wollen, wie man betet, nehmen Sie am besten ein Bild von Jesus zu Hilfe, auf dem er freundlich lächelt, und sagen ihnen, wie Jesus sich freut, wenn Kinder mit ihm sprechen wollen. Niemals wird er müde, ihnen zuzuhören. Er liebt sie und beginnt sich nach ihnen zu sehnen, wenn sie sich keine Zeit zum Beten nehmen.

Nach den einfachen Gebeten beim Essen werden die Kinder auch für andere Dinge und zu anderen Zeiten beten wollen. Vor dem Schlafengehen können Sie ein Gebet mit ihnen sprechen oder sie ihr eigenes Gebet sagen lassen. Nehmen Sie sie dabei zärtlich in die Arme oder knien Sie gemeinsam mit ihnen vor dem Bett. Die Kinder werden sich freuen, Ihnen so nah zu sein, und auch Sie selbst werden diese Augenblicke genießen.

Was könnten die Kinder zum Inhalt ihrer Gebete machen? Sie sind ja nicht an der Weltlage interessiert oder an den meisten Dingen, die in der Gemeinde passieren. Was sie bewegt, sind ihre Familie, ihre Haustiere, verlorenes Spielzeug, kranke Freunde und aufgeschürfte Ellbogen.

Eine weitere Art, Kinder für andere beten zu lehren, habe ich von meiner Mutter übernommen. Bei jedem Signal, das an unser Ohr drang, pflegte sie zu sagen: "So Kinder, betet in eurem Herzen für den Feuerwehrmann, den Polizisten, den Fahrer des Rettungswagens und alle, die durch das Feuer oder den Unfall Verletzungen davongetragen haben. Bittet Gott, sie zu segnen und auf sie achtzugeben, auch wenn ihr sie nicht kennt." Diese Art zu beten haben unsere Kinder übernommen.

Die Fastenzeit bietet sich auch an, um mit Ihren Kindern Bibelverse über das Gebet auswendig zu lernen. Wenn Sie jede Woche nur einen Vers lernen, haben Sie bald einen ganzen Vorrat von Bibelversen in Ihrem Herzen. Ein Vers, den wir miteinander lernten, steht in Jeremia 33,3: *"Rufe mich an, dann will ich dir antworten und will dir Großes und Unfaßbares mitteilen, das du nicht kennst."* Wir nannten diesen Vers "Gottes Telefonnummer".

Der Kühlschrank ist ein guter Ort zum Aufkleben des wöchentlichen Bibelspruches. Hier ist er immer im Blickfeld und prägt sich gut ein.

Ich erinnere mich, daß in meiner Kindheit die vorösterliche Zeit wirklich dem Fasten gewidmet war. Auch wir, obwohl wir evangelisch waren, fasteten an den Freitagen.

Die Karwoche, beginnend mit Palmsonntag, ist eine Zeit besonderer Besinnung in unserer Familie, in der das Leiden unseres Herrn Jesus Christus im Mittelpunkt steht. Am Gründonnerstag erinnern wir uns gemeinsam daran, wie Jesus im Kreise seiner Jünger das Abendmahl einsetzte.

Karfreitag wird meinen Kindern immer als "Tag der Stille" in Erinnerung bleiben, und auch in mir steigen Erinnerungen an meine Kinderzeit auf. Radio und Fernsehen waren am Karfreitag tabu. Es war uns auch nicht erlaubt, irgendein Instrument zu spielen oder laut zu sprechen. Es war ein Tag, der dem Fasten, der Stille und dem Gottesdienst vorbehalten war, ein Tag, der uns an die Erlösungstat Jesu am Kreuz erinnern sollte.

Die "Zeit der Stille" haben wir in unser eigenes Heim übernommen, wenn es auch nicht immer leicht war für unsere Kinder. Wer mag sich schon einen ganzen Tag lang still verhalten? Doch bis heute haben unsere Kinder mitgemacht.

Am Ostermorgen begrüßen wir uns mit dem traditionellen Ostergruß. Mein Mann ist gewöhnlich als erster auf den Beinen. "Elise, es ist Ostermorgen, Jesus ist auferstanden!" tönt es von seiner Seite, worauf ich antworte: "Halleluja, er ist wahrhaftig auferstanden!" Anschließend wird jedes Kind auf diese Weise von uns geweckt.

Pfingsten und Himmelfahrt sind kirchliche Feiertage, die viele von uns außer acht lassen. Doch indem wir sie unbeachtet lassen, berauben wir uns einer weiteren Möglichkeit, in Christus zu wachsen und diese Tage miteinander zu feiern.

Lesen Sie Ihren Kindern die biblischen Berichte vor. Auf mein Geheiß pflegten sich meine Kinder am Himmelfahrtstag ins Gras zu legen und zu den Wolken aufzuschauen, die uns ständig an die siegreiche Wiederkunft Jesu erinnern. Ebenso, wie Jesus bei seiner Himmelfahrt in die Wolken emporgehoben wurde, wird er in den Wolken des Himmels zurückkommen *(Apostelgeschichte 1,9-11; 1. Thessalonicher 4,16-17).*

Als Kind habe ich mich oft gefragt, warum Jesus diese Erde verlassen mußte. Ich fand es wenig einleuchtend. Viel lieber wäre mir gewesen, ihm in seiner sichtbaren Gestalt zu folgen und mit ihm zu sprechen. Erst viele Jahre später - während einer Predigt meines Mannes - begriff ich den eigentlichen Grund, weshalb Jesus zu seinem himmlischen Vater zurückkehren mußte.

Warren gebrauchte ein einfaches Beispiel aus seiner Kindheit, um uns die Bedeutung der Auferstehung Jesu klarzumachen. Er erzählte von seinem früheren Ungehorsam gegenüber seinen Eltern. Es gab viele Parkanlagen in der Stadt, wo man Ball spielen konnte, aber Warren und seinen Freunden war es viel zu umständlich, bis dahin zu laufen. Statt dessen spielten sie lieber vor dem Haus auf der Straße und hofften, daß es ihnen gelingen würde, das Spiel ohne Scheibengeklirr zu Ende zu bringen. Warren gehörte zu den größeren Jungen und war einer der besten Schläger. Eines Tages sauste ein von ihm geschlagener Baseball klirrend durch das Fenster eines Nachbarn, worauf alle davonrannten und sich versteckten. Warren wußte, was ihn erwartete - schließlich war es nicht das erste Mal, daß ihm so etwas passierte. Die Erinnerung an Vaters große Hände und sein abgemagertes Sparschwein ließen ihn Schlimmes befürchten.

Bald war heraus, wer der Schuldige war. Aus Angst, nach Hause zu kommen, versteckte sich Warren auf einer leeren Baustelle und hoffte, daß niemand ihn finden würde. Bald hörte er seinen Vater nach ihm rufen. "Wenn doch jetzt jemand meine Partei ergreifen würde", dachte er, "jemand, der zu meinem Vater ginge und sagte: 'Bestrafe Warren nicht. Es tut ihm leid, was er getan hat. Ich werde die zerbrochene Fensterscheibe für ihn bezahlen.'"

Viele Jahre später wurde Warren klar, daß dieser Vorfall sich gut benutzen ließ, um zu erklären, warum Jesus auferstehen mußte, um bei seinem Vater im Himmel zu sein. Wir alle haben uns solcher "zerbrochener Scheiben" in unserem Leben schuldig gemacht. Jesus ist es, der uns vor unserem himmlischen Vater vertritt. Durch seinen Kreuzestod ist unsere Schuld voll bezahlt und wir können untadelig vor Gott stehen. Jesus nimmt uns an der Hand, führt uns zu Gott und sagt: "Sieh her, Vater, dieser Junge hier bedauert, was er getan hat. Ich habe den Preis für seine Sünden bezahlt. Nimm ihn an."

Mutter gibt den Ton an

Nachdem meine Schwester Cindy einige Kapitel dieses Manuskripts gelesen hatte, rief sie mich von weither an. Vieles darin hatte Erinnerungen an unsere Kindheit in ihr wachgerufen. Am meisten überraschte sie die Tatsache, daß unsere Haltung in der Kindererziehung fast völlig übereinstimmte, obwohl wir unsere Kinder in verschiedenen Teilen der Welt großgezogen hatten. Beide hatten wir viele Methoden übernommen, die unsere Mutter bei uns angewandt hatte.

Als meine Mutter das Manuskript las, sagte sie: "Jetzt erinnere ich mich, daß eure Großmutter vieles von dem, was du schreibst, mit mir gemacht hat, als ich Kind war." Sie hatte in ihrer Mutter ein ausgezeichnetes Vorbild für ihre eigene Kindererziehung besessen. Großmutter hatte die gleiche Jesusliebe in ihrem Heim verbreitet, die auch ich als Kind bei uns zu Hause gespürt hatte. Cindy und ich dürfen den Segen dieses göttlichen Erbes jetzt an die vierte Generation weitergeben.

Vielleicht waren die Erfahrungen in Ihrer Kindheit nicht so, daß Sie sie an Ihre Kinder weitergeben möchten. Gott kann die Verletzungen heilen und dafür sorgen, daß Sie in Ihrer Familie die erste in einer Reihe gottesfürchtiger Generationen von Müttern werden, indem Sie Ihren Kindern den Segen einer christlichen Erziehung mit auf den Weg geben.

Wir Mütter bauen mit am Haus der Zukunft. Wenn wir Jesus lieben und ihm in jeder Beziehung ähnlich sein wollen, haben wir die Möglichkeit, jedes gewöhnliche Heim in einen gottgeweihten Ort zu verwandeln, einen Ort, an dem die Gegenwart Gottes auf Schritt und Tritt zu spüren ist.

Zu Hause, im Umgang mit Menschen, die Sie am besten kennen, ein reines und geheiligtes Leben zu führen, gehört mit zum Schwersten, was Sie jemals tun werden. Es ist leicht, außerhalb der eigenen vier Wände die Liebe und Tugend Christi zu präsentieren. Unsere freiwilligen Einsätze werden honoriert; kein selbstloser Dienst bleibt unbeachtet. Unsere Bereitschaft zum Dienen und unser lächelndes Gesicht, das weder Ärger noch Groll zu kennen scheint, sind stets willkommen bei anderen. Doch sie leben nicht täglich mit uns zusammen. Sie kennen uns nur von unserer besten Seite und bekommen niemals etwas von unserem monatlichen Auf und Ab zu spüren. Es ist nicht einfach, den Lieben zu Hause mit der gleichen Zuvorkommenheit und Dankbarkeit zu begegnen, die man gegenüber Bekannten zum Ausdruck bringt. Und doch ist es gerade Ihr Zuhause, wo Sie Tag für Tag mehr in das Ebenbild Jesu verwandelt werden sollen. Gott benutzt die Menschen bei Ihnen zu Hause, um Sie zu lehren, in gleicher Weise zu reagieren wie Jesus. Sie lernen von ihm, merken aber auch, wie oft Sie den Herrn enttäuschen. Zu Hause bekommen Sie die nötige Zurüstung für den Dienst im Reiche Gottes. Indem Sie Jesus Tag für Tag vertrauen, werden Sie die Dinge, die der Heilige Geist Sie lehrt, an Ihre Kinder weitergeben können. Dieser tägliche Unterricht kann sich prägend auf ihr gesamtes Leben auswirken und sie für den Herrn gewinnen.

David hat es so ausgedrückt: *"Ich will mit lauterem Herzen wandeln in meinem Hause" (Psalm 101,2)*. Obwohl er König über Israel war, der außerhalb seines Heims Ehre und Achtung genoß, war es sein Anliegen, seinem Haus als aufrechter Mann mit reinem Herzen vorzustehen. Es ist schwer, zu Hause die Rolle des Dienenden einzunehmen und sich zu demütigen. Doch Gott kann es schenken, daß Sie ihm in Wort und Tat die Ehre geben - in jeder Situation.

Mutter gibt zu Hause den Ton an. Ihr gutes Beispiel bestimmt die Atmosphäre, so daß überall im Haus ein Gefühl von Ordnung und Liebe zu spüren ist.

Die Atmosphäre im Haus hat wenig zu tun mit den Dingen, die es ausfüllen. Ich bewundere Wohnungen, die hübsch eingerichtet und tiptop in Ordnung sind, Wohnungen, in denen alles seinen festen Platz hat. Ich bin auch sicher, daß Gott möchte, daß wir uns um unser Zuhause kümmern und es zu einem Ort machen, an dem andere sich wohl fühlen. Gottes Gegenwart aber ist nicht von äußeren Dingen abhängig. Sie wirkt sich in einem Heim aus, wenn der Heilige Geist das Leben der Bewohner bestimmt.

Es kann sein, daß der Teppichboden abgenutzt und die Vorhänge von der Sonne verblaßt sind. In der Spüle wartet vielleicht der Abwasch, Spielzeug liegt verstreut auf dem Boden, und doch spürt man der Wohnung etwas Besonderes ab. Besucher, die ein solches Heim betreten, fühlen, daß sie willkommen, geliebt und akzeptiert sind. Ein solches Zuhause wird zu einem Zufluchtsort für alle, die

die Härten des Lebens und die grausame Macht der Sünde geschmeckt haben. Wie kommt es, daß ein Heim solche Wärme und Geborgenheit ausstrahlt? Und wie gelingt es uns Müttern, dies in unserem Alltag erfahrbar zu machen? Wenn eine Mutter glücklich und mit ihrem Leben zufrieden ist, so wirkt sich das positiv auf ihre Umgebung aus. Führt sie aber ein Leben, das von Verbitterung, Ablehnung und Ärger gekennzeichnet ist, so verbreiten diese Gefühle Disharmonie und Unruhe im Haus.

Ich weiß, wir neigen dazu, andere Faktoren für den Unfrieden bei uns zu Hause verantwortlich zu machen. Manche Mutter möchte dem Mann, der Schwiegermutter, einem Kind oder den Wohnverhältnissen die Schuld geben. Doch andere oder etwas anderes für unsere Probleme verantwortlich machen zu wollen, erweist sich als Falle. Gott verlangt eine gesunde Selbstkritik von uns, damit wir merken, was sich in unserem eigenen Leben zu ändern hat.

In den Sprüchen lesen wir dazu: *Besser ein Gericht Gemüse, und Liebe ist da, als ein gemästeter Ochse und Haß dabei (15,17).*

Besser ein trockener Bissen und Ruhe dabei als ein Haus voller Festspeisen, aber Streit dabei (17,1).

Besser auf dem Dach in einer Ecke wohnen als eine zänkische Frau und ein gemeinsames Haus (21,9).

Ein tropfendes Dach, das einen vertreibt am Tag des Regengusses, und eine zänkische Frau gleichen sich. Wer sie zurückhalten will, hält Wind zurück, und seine Rechte greift nach Öl (27,15-16).

Besser ist es, im Land der Wüste zu wohnen, als eine zänkische Frau und Verdruß (21,19).

Wenn es zwischen den Erwachsenen bittere Worte und Zank gibt, wird es zu Hause unruhig und unbehaglich. Die Frau in Sprüche 21 wird als "zänkisch und verdrießlich" bezeichnet. Mann und Kinder ziehen sich lieber in die hinterste Bodenecke oder irgendeinen wüsten Ort zurück, als mit einer solchen Frau in einer schönen Umgebung zusammenzuwohnen. Man könnte sie auch mit folgenden Worten beschreiben: angriffslustig, kriegerisch, streitsüchtig, gehässig, boshaft, haßerfüllt und ärgerlich.

Auf keinen Fall möchte ich so beschrieben werden. Trotzdem ist es schon vorgekommen, daß ich meiner Familie durch meine zänkische und verdrießliche Art das Leben schwergemacht habe.

Wenn das passiert, wird zu Hause alles anders. Meine Kinder ziehen es vor, mir aus dem Weg zu gehen. Enttäuschung macht sich breit, und ihr Verhalten verrät, wie sie sich innerlich fühlen. Mein Mann bleibt abends länger in seinem Büro, anstatt sich einer launischen Frau auszusetzen, die kampfbereit auf jeden zugeht, der ihr in die Quere kommt.

Hätte ich die eleganteste Wohnung in der Stadt, aber in meinen Worten und Taten keine Liebe, so wäre das wenig nütze. Eine Frau, die nur an sich und ihre eigenen Wünsche denkt, verbreitet eine unfreundliche Atmosphäre in ihrem Heim. Eine Mutter jedoch, die sich vom Heiligen Geist bestimmen läßt, ähnelt der Frau, die uns in Sprüche 31 beschrieben wird: *"Ihren Mund öffnet sie mit Weisheit, und freundliche Weisung ist auf ihrer Zunge" (Vers 26).*

Ich möchte, daß Liebe, Freude und Frieden mein Heim regieren und daß Menschen etwas von der Gegenwart Jesu verspüren, wenn sie uns besuchen. Jeden Tag bitte ich Gott um Hilfe, damit ich seinem Willen gemäß lebe - besonders bei uns zu Hause.

Der müde Spätnachmittag

Betrachten wir einmal einen Ihrer normalen Arbeitstage. Was gehört alles dazu? Putzen, Wäschewaschen, Wege besorgen, Termine beim Arzt, Kurzbesuch der Nachbarin, Bibelstunde in der Gemeinde, freiwillige Dienste in Schule oder Gemeinde, Gartenarbeit, Anstreichen oder Nähen. Am späten Nachmittag sind Sie erschöpft und sehnen sich nach Entspannung, müssen aber feststellen, daß es bald schon wieder Zeit zum Abendessen ist. Unzufriedenheit entwickelt sich; Sie sind müde. Da fällt Ihnen zu allem Übel ein, daß Sie vergessen haben, das Fleisch aufzutauen ...

Das Abendessen und die Stunden vorher sind in jedem Haushalt mit Kindern am schwersten durchzustehen. Es empfiehlt sich, einmal die Ursachen hierfür zu untersuchen und welche Auswirkungen das auf die abendliche Atmosphäre hat.

Gegen 16.30 Uhr ruft Ihr Mann an und will wissen, was es zum Abendessen gibt. Sie starten ein Ablenkungsmanöver, um nicht rundweg zu sagen, daß Sie noch gar nicht daran gedacht haben.

Bald wird Ihr Mann zu Hause sein. Sie müssen unbedingt etwas in Gang bringen. Wenn Sie lange genug protestieren, gelingt es vielleicht, Ihren Mann von der Notwendigkeit eines Mikrowellenherds zu überzeugen, oder er lädt seine Familie zum Essen ein. Es kann aber auch sein, daß er beides nicht einsieht, sondern Ihr Organisationstalent in Frage stellt.

Sie sind müde und gereizt, und Ihre Kinder beginnen Ihre innere Unruhe zu spüren. Doch je kraftloser Sie werden, desto mehr scheint der Energiespiegel Ihrer Kinder anzusteigen. Zum Ausgleich dafür lassen Sie jedermann spüren, wie unzufrieden Sie sind. Selbstmitleid übermannt Sie, und Sie haben das Gefühl, als müßten Sie jeden Augenblick explodieren.

Da kommt Ihr Mann ahnungslos zur Tür herein. Er merkt sehr wohl, daß Sie schlecht gelaunt und müde sind, spendet Ihnen aber keinerlei Trost. Er verhält sich abwartend. Es könnte ja sein, daß alles, was er sagen könnte, falsch aufgefaßt wird. So vergräbt er sich lieber hinter der Zeitung und wartet geduldig, bis er zum Essen gerufen wird.

Dies bringt Sie natürlich auf die Palme. Noch ein paar Schranktüren mehr werden zugeknallt - schließlich soll er merken, wie es seiner Frau zumute ist. Die Luft ist zum Schneiden; keiner im Haus kann das übersehen.

Gibt es ein Gegenmittel dafür? Ja. Mit ein bißchen Bereitschaft auf Ihrer Seite, entgegen Ihrer menschlichen Natur zu reagieren, läßt sich die mißliche Lage positiv verändern.

Dot, eine liebe Freundin von mir, hat mir verraten, wie man mitten im Trubel der Essenszubereitung für eine ruhige Atmosphäre sorgen kann. Ich habe diesen kleinen Trick jahrelang angewandt und komme bei meiner Familie auch heute noch damit durch (was wohl auf die gute Wirkung zurückzuführen ist).

Die meisten Männer und Kinder kommen gern nach Hause, wenn alles gut läuft, besonders zur Essenszeit. Wie freut sich der Ehemann, wenn er nach einem harten Arbeitstag heimkommt und seine Frau in der Küche fröhlich mit den Essensvorbereitungen beschäftigt ist. Wenn ihm dann noch ein leckerer Geruch in die Nase steigt, der ihm sagt, daß das Essen bald fertig ist, fühlt er sich wohl, und er kann sich nach einem schweren Arbeitstag entspannen. Seine Frau hat alles im Griff.

Das klingt alles wunderbar, und wir wünschten, es wäre so bei uns zu Hause. Aber wie läßt sich das angesichts der vielen Dinge realisieren, die uns ständig in Trab halten?

Dot wußte, wie schwer bei meinem täglichen Arbeitspensum die Abendessenszeit für mich war. Sie wußte auch, wie oft ich um diese Zeit in Panik geriet. Ich war müde, ständig klingelte das Telefon, die Kinder waren außer Rand und Band - und manchmal hatte ich auch noch vergessen, das Fleisch aus dem Gefrierfach zu nehmen. Infolge meiner schlechten Planung waren die gemeinsamen Abendstunden dann kaum noch ein Vergnügen für uns.

"Anstatt dich wegen des Abendessens völlig aufzulösen, versuche ruhig und gelassen zu bleiben", sagte sie eines Tages zu mir. "Einfacher gesagt, als getan", gab ich scharf zurück. "Wie soll ich ruhig bleiben, wenn ich sechs Mäuler zu stopfen habe und nicht weiß, was ich auf den Tisch bringen soll?"

"Du mußt dich bewußt um diese innere Ruhe bemühen und so tun, als hättest du alles im Griff. Vergiß nicht, du gibst zu Hause den Ton an. Wenn du fröhlich bist, überträgt sich das auf deine Familie."

Welch eine Herausforderung! Doch ich wußte, daß ich keine andere Wahl hatte. Mir wurde bewußt, daß ich oft wie ein Thermometer reagierte. Ich paßte mich den Gegebenheiten an, war manchmal oben, aber meistens unten. Jetzt ging es darum, daß aus dem Thermometer ein "Thermostat", ein Temperaturregler, wurde. Mir fiel die Aufgabe zu, für eine angenehme Atmosphäre im Haus zu sorgen.

Eins der ersten Dinge, die Dot mir vorschlug, bestand in einem Topf Wasser, den ich zusammen mit einer Zwiebel zum Kochen bringen sollte. Während die Zwiebel kochte, verbreitete sich ein Aroma im Haus, das jeden an ein gutes Essen denken ließ. Meine Familie gewann den Eindruck, daß etwas im Entstehen war - und gab sich zufrieden. Anfangs ahnten sie nichts von meiner Taktik, selbst dann nicht, als der Topf auch während des Essens noch auf dem Herd stand. Der Gedanke genügte ihnen, daß Mutter sich ums Essen kümmerte und alles gut klappte. Was wußten sie von meinen verzweifelten Bemühungen, mir inzwischen ein schnelles Menü auszudenken!

Der nächste Schritt bestand darin, das Fleisch aufzutauen. Dazu hackte ich es entweder in Stücke, kochte es oder tat beides damit. "Vergiß nicht", sagte Dot, "der Schlüssel zum Erfolg besteht weder im dampfenden Wasser noch in der darin kochenden Zwiebel. Es kommt auf deine Stimmung und Haltung an, die du bei der Arbeit an den Tag legst."

Ein lächelndes Gesicht bedeutet eine fröhliche Mutti. Trotz meiner inneren Anspannung bemühte ich mich deshalb, viel zu lächeln und leise zu sprechen. Ab und zu summte ich auch ein Liedchen, während ich mir in der Küche zu schaffen machte. Wenn Mutti lächelt und singt, das bedeutet für meine Kinder, daß die Welt in Ordnung ist.

Ich habe für Notfälle immer eine Packung Hamburger im Haus. Mit ihnen läßt sich im Handumdrehen ein Abendessen auf den Tisch bringen. Wenn die Kinder den Tisch deckten, wurden auch die frischen Blumen aus dem Garten nicht vergessen.

Ich bin nicht dafür, daß man solche improvisierten Mahlzeiten zur Regel macht. Ihre Familie ist wichtig. Sie sollten die Hauptmahlzeit gut durchdenken, damit eine ordentliche Nährstoffzufuhr gewährleistet ist und Ihre Familie sich innerlich und äußerlich wohl fühlt. Es gibt jedoch Tage, an denen Sie besonders abgespannt und unkonzentriert sind. Nichts zahlt sich dann besser aus als eine gute Stimmung und die richtige Haltung.

Mein Mann lacht, wenn er mich wieder einmal bei meinem altbewährten Zwiebeltrick erwischt. Aber das macht nichts. Hauptsache, ich habe meinen Frust nicht an ihm ausgelassen und für eine gute Atmosphäre im Haus gesorgt. Er weiß genau, wie oft sich das in unserer Familie bewährt hat.

Die Grundfesten der Familie

Glücklich die Kinder, die eine fröhliche und zufriedene Mutter haben, eine Mutter, die Jesus kennt und liebt, eine Mutter, die in der Küche summt und singt und sich in stürmischen Augenblicken an Gott wendet, damit er ihr hilft, wieder zur Ruhe zu kommen. Eine solche Mutter ist in der Lage, jede gewöhnliche Küche in einen Ort zu verwandeln, dem man die Gegenwart Gottes abspürt.

In Sprüche 14,1 lesen wir: *"Die Weisheit der Frauen baut ihr Haus, aber die Narrheit reißt es mit eigenen Händen nieder."* Und in *Sprüche 24,3-4 heißt es: "Durch Weisheit wird ein Haus gebaut, und durch Verstand wird es befestigt; und durch Erkenntnis füllen sich die Kammern mit allerlei kostbaren und angenehmen Gütern."*

Ob wir uns dessen bewußt sind oder nicht, wir sind entweder dabei, die Mauern unseres Hauses aufzubauen oder sie mit unseren eigenen Händen niederzureißen. Wenn Ablehnung, Bitterkeit, Streit, Mangel an Vergebung und unfreundliche Worte bei uns zu Hause an der Tagesordnung sind, dann reißen wir die Mauern ab, jeden Tag ein bißchen mehr, bis die Familie den Angriffen Satans schutzlos ausgeliefert ist.

Ich möchte als Mutter über meinem Haus wachen. Was ich dazu an Wissen, Verständnis und Weisheit brauche, vermittelt mir Gottes Wort. Ich wünsche mir, daß Freundlichkeit mein Heim regiert und die Wände widerhallen vom Lachen meiner Kinder. Sie sollen an sich selbst erfahren, wie glücklich Jesus machen kann.

Das alles klingt ziemlich idealistisch, besonders in einer Gesellschaft, in der die Familie ums Überleben kämpft. Gott möchte, daß die Familie erhalten bleibt, und durch seinen Heiligen Geist will er jede nur mögliche Hilfestellung geben, damit dieses Ideal verwirklicht wird. Die Wahl liegt an uns. Wir können uns entweder für den Aufbau oder die Zerstörung entscheiden.

"Wenn der Herr das Haus nicht baut, arbeiten seine Erbauer vergebens daran", heißt es in Psalm 127,1. Für mich ist das eine hoffnungsvolle Zusage, denn ich weiß, daß meine eigene Kraft nicht ausreicht, um mich durchzubringen.

Manchmal tappe ich in eine Falle. Mit allen Kräften bemühe ich mich, die perfekte Mutter zu sein, bis ich mich schließlich fragen muß, warum mir das so wenig gelingt. Dann wird mir neu bewußt, daß es ja der Herr ist, der das Haus baut. Er legt den Grundstein, und wir, als seine geschickten Bauleute, sind gerufen, den Mauerbau zu vollenden. Er wird uns zu allem befähigen, was er von uns haben möchte und gemäß seiner Zusage immer bei uns sein.

Im Alten Testament wird uns von einem sehr mutigen Mann namens Nehemia berichtet, der dazu aufrief, die Mauern Jerusalems wiederaufzubauen.

Obwohl Nehemia in persischer Gefangenschaft lebte, war er mit seinem Herzen in Jerusalem. Die Kunde war nämlich zu ihm gedrungen, daß die Mauern Jerusalems nicht mehr standen, so daß sein Volk seinen feindlichen Nachbarn schutzlos ausgeliefert war. Auch der vor etwa 150 Jahren von Serubabel wiederaufgebaute Tempel war damit in Gefahr. Für einen Juden war eine Stadt ohne starke Mauern überhaupt keine richtige Stadt. Nehemia konnte die Schmach nicht ertragen, die man seiner geliebten Stadt angetan hatte. Er bat deshalb um Erlaubnis, nach Jerusalem zurückkehren zu dürfen, um mit dem Wiederaufbau der Stadtmauer zu beginnen.

Nehemias Aufgabe war alles andere als einfach. Es wartete nicht nur ein enormes Maß an Arbeit auf ihn, er mußte auch mit dem Widerstand von Leuten rechnen, die nicht wollten, daß diese Mauer gebaut wurde. Es würde Kampf geben, das wußte er, aber er hielt durch.

Sie arbeiteten *"vom Aufgang der Morgenröte an, bis die Sterne hervortraten" (Nehemia 4,15)*. Kritik und Verfolgung blieben nicht aus, so daß die Arbeiter Angst bekamen. Nehemia befahl ihnen daraufhin, mit der Kelle in der einen Hand zu arbeiten und sich mit der Waffe in der anderen zu verteidigen. Die Mauer wurde in Rekordzeit fertiggestellt und bot den Bewohnern Jerusalems wieder Sicherheit und Schutz. Gott fordert heute von uns, daß wir Mütter eine schützende Mauer um unsere Kinder errichten. Unser Heim muß für unsere Familie zu einem Zufluchtsort werden, der erfüllt ist vom Licht des Herrn. Kinder, die in einer solchen Umgebung aufwachsen, wissen zwischen "Licht und Finsternis" zu unterscheiden. Sie werden empfindsam für die Gefühle anderer und wissen, daß böses Reden und schmutzige Witze sich nicht gehören.

Es wird Zeiten der Versuchung für die Kinder geben, doch sie werden Gut und Böse unterscheiden können. Satan kann sie nicht dazu verführen, bewußtes Sündigen für richtig zu halten, weil der Heilige Geist ihr Denken und Fühlen empfindsam gemacht hat für alles finstere Wesen.

Leider muß gesagt werden, daß die meisten Heime Kampfplätze des Satans sind, anstatt Arbeitsstätten des Heiligen Geistes zu sein. Unzufriedenheit, Neid, Zank, Verwirrung, Unordnung, schlechte Redensarten und andere Auswirkungen der Finsternis sind nur allzu verbreitet.

Kinder, die in einer solchen Atmosphäre aufwachsen, sind gewöhnlich nicht in der Lage, zwischen Gut und Böse zu unterscheiden. Tatsache ist, daß sie weltliche Dinge und satanische Kräfte oft genug für gut und heilsam halten.

Wenn Kinder zu Hause auf die Liebe Gottes verzichten müssen, beginnen sie, woanders danach zu suchen. Viele junge Leute haben sich auf diesem Wege im Okkulten oder in Sekten verschiedenster Art verirrt. Andere kennen keine Hemmungen, zusammen mit ihren Freunden im Rauschgift oder Sex nach Liebe und Anerkennung zu suchen. Einer der besten Wege, unsere Kinder vor den Mächten der Finsternis zu schützen, besteht darin, unser Heim von Christus regieren zu lassen.

Vor einigen Jahren wollten mein Mann und ich die Kinder ins Kino einladen. Beim Überfliegen der Zeitung stießen wir auf einen Western mit dem Titel "PG". Wir nahmen die Kinder einfach mit, ohne zu wissen, um was für einen Film es sich dabei handelte. Nach 15 Minuten wußten wir, daß wir einen Fehler gemacht hatten. Die Sprache der Schauspieler war häßlich und ordinär, und unsere Kinder wußten es. Sie saßen da und hielten sich die Augen zu. Schließlich stieß David seinen Papa an und sagte: "Ich glaube nicht, daß wir hierher gehören, Vati. Vielleicht sollten wir lieber gehen."

David sagte später zu uns: "Die bösen Worte haben mir in den Augen gebrannt." Unsere Kinder reagierten empfindlich auf alles, was Gott mißfiel, weil sie an das Licht Jesu bei uns zu Hause gewöhnt waren.

Es gilt, um die Erhaltung unserer Familien zu kämpfen. Das Leben unserer Kinder steht auf dem Spiel. Es kostet etwas, die Mauern instand zu halten. Manchmal wird es so sein, daß wir mit einer Hand aufbauen und uns mit der anderen zur Wehr setzen müssen. Wir müssen uns auf Kritik gefaßt machen. Es fehlt nicht an wohlmeinenden Leuten, die sich abwertend über die Rolle der Mutter äußern. Andere bezeichnen uns vielleicht als Fanatiker und werfen uns religiöse Manipulation unserer Kinder vor. Im übrigen gefährden Zeitdruck und Planung und die in unserer Gesellschaft übliche Überbetonung des Materiellen den Fortbestand der Familie.

Mit den Worten *"Unser Gott wird für uns kämpfen"* (Nehemia 4,14) wandte sich Nehemia an Menschen, die ganz ähnlichen Schwierigkeiten gegenüberstanden wie wir. Wenn auch wir diese

Haltung einnehmen, werden wir den Herrn am Schluß für die Lösung unseres Problems preisen. Wie Ihr Heim im Moment auch aussehen mag, Gott kann Ihnen helfen, damit Sie die nötigen Verbesserungen durchführen können. Bedenken Sie, daß es sein Wille ist, daß Ihre Kinder in einer Atmosphäre groß werden, die von seiner Liebe bestimmt ist.

Fang dein Werk mit Jesus an:
Jesus hat's in Händen.
Jesus ruf zum Beistand an:
Jesus wird's vollenden.
Steh mit Jesus morgens auf,
geh mit Jesus schlafen.
Führ mit Jesus deinen Lauf,
lasse Jesus schaffen.

Vom Aufgang der Sonne

Im Anschluß an eins meiner Seminare über das Thema: "Wie spreche ich mit meinen Kindern über den Glauben?" kam eine junge Mutter zu mir und sagte: "Es klingt alles so einfach bei Ihnen. Sagen Sie mir mal, wie ich die Dinge, die Sie vorgeschlagen haben, in die Tat umsetzen soll. Meine Tage sind schon jetzt so voll mit Aktivitäten, daß ich am liebsten losschreien möchte, wenn ich Sie von zusätzlichen Dingen reden höre!"

Die junge Frau tat mir leid. Sie fand es schon schwer genug, sich um das äußere Wohlergehen ihrer Kinder zu kümmern, als daß sie auch noch die Verantwortung für deren geistliches Wohl übernehmen wollte. Sie ging noch nicht lange mit dem Herrn, und es war ihr nicht vergönnt gewesen, in einem christlichen Elternhaus aufzuwachsen. Ihren Kindern Jesus nahezubringen, war etwas völlig Ungewohntes und Neues für sie. Sie hatte nichts, worauf sie zurückgreifen konnte, und so fühlte sie sich unwohl bei dem Gedanken, etwas ihr Fremdes zu versuchen.

Ich konnte ihr den Frust nachfühlen, als ich daran dachte, wie schwer es für mich gewesen war, all die richtigen Dinge zu tun, die nötig waren, damit meine Kinder in einem angemessenen Klima aufwuchsen. Es war damals nicht immer leicht, doch ich hatte einen Wunsch im Herzen, der mich zum Handeln trieb, so daß Jesus bei uns zu Hause schließlich ganz einfach dazugehörte.

Ich versuchte, mir einen typischen Tag von damals zu vergegenwärtigen, als meine vier Kleinen ständig um meine Aufmerksamkeit rangen. Wie war es mir gelungen, mich um ihr äußeres und inneres Wohl zu kümmern? Konnte ich mich in die Lage der jungen Mütter von heute versetzen und den inneren Druck nachempfinden, dem sie ausgesetzt waren?

Es war vorgesehen, daß die Nachmittage bei uns zu Hause ruhig verlaufen sollten, doch äußerst selten waren sich unsere Vier einig und hielten ihr Nachmittagsschläfchen zur selben Zeit. Nur wenn die Tage während der Regenzeit in Neuguinea besonders düster waren, kam es gelegentlich vor, daß alle Vier den Nachmittag über schliefen. Die kühle, feuchte Bergluft und das rhythmische Klopfen des Nachmittagregens auf unserem Wellblechdach schläferte sie ein. Ich schätzte diese Zeiten der Stille sehr, weil sie mir Gelegenheit gaben, mich auf die zweite Hälfte eines arbeitsreichen Tages vorzubereiten. Wenn die Kinder nicht geschlafen hatten, begann gegen fünf die verflixte Zeit, in der sie ihre Aggressionen gegen mich oder auch untereinander losließen. Sie hatten genug von ihren Spielsachen, verstreuten sie überall im Haus und erschienen schließlich bei mir in der Küche, wo ich mit dem Abendessen beschäftigt war. Ihre müden, weinerlichen Stimmen waren etwas, was ich am wenigsten mochte. Doch sie deuteten an, daß sie gerade jetzt ein wenig Liebe und Verständnis nötig hatten. Sie wollten einfach in den Arm genommen und liebkost werden.

Zeit war etwas Kostbares und meine Geduld beschränkt. Manchmal fuhr ich meine Kleinen wegen ihrer lästigen Quengeleien mit harten, bitteren Worten an. Doch oft gab es auch Zeiten, in denen es mir gelang, positiv zu reagieren. Gottes verwandelnde Liebe half mir, meine Bitterkeit zu überwinden und ihnen liebevoll zu begegnen. Mein himmlischer Vater tröstete mich durch seine Nähe und brachte meine sorgenvollen Gedanken zur Ruhe. Die gleiche Geborgenheit brauchten auch meine Kinder. Gottes Gnade machte es möglich, daß ich seine Liebe an sie weitergeben konnte.

Mitten im Durcheinander meines Haushalts - die Kartoffeln nur zur Hälfte geschält und das kochende Wasser auf dem Herd - machte ich Pause, um meine Kleinen liebzuhaben. Ich setzte mich mitten in der Küche auf den Fußboden und nahm sie alle vier auf den Schoß. Sie kuschelten sich nah an mich, und ich streichelte und kitzelte sie leise. Dabei versäumte ich nie, ihnen zu sagen, wie geliebt sie von Mutti und dem Herrn Jesus waren. Sie genossen diese unerwarteten zärtlichen Minuten sehr. Es waren immer nur wenige Augenblicke, doch sie genügten, damit sie sich wieder zufrieden und geborgen fühlten. Ihre Reizbarkeit verschwand, und sie waren wieder bereit zum Spielen. Oft mußte ich auch während des Kochens solche Pausen einlegen, doch jeder zärtliche Augenblick ersparte mir eine Menge ärgerlicher Minuten. Wenn Warren heimkam, fühlte ich mich immer erleichtert. Seine bloße Gegenwart änderte alles, und ich war frei, ungestört zu Ende zu kochen. Es bringt mich noch heute zum Lachen, wenn ich an die großen Schritte denke, die Warren machen mußte, um über das viele Spielzeug hinwegzusteigen, das ihm beim Eintreten im Wege lag.

Nachdem er jeden von uns mit einem Kuß begrüßt hatte, folgte die obligate Frage: "Na, wie war's heute?" Wollte er wirklich etwas darüber hören oder fragte er einfach nur aus Höflichkeit? Sobald ich anfing, die Hauptereignisse des Tages aufzuzählen, konnte ich an Warrens Reaktion ablesen, daß sein Interesse daran nicht allzu groß war. Verschüttete Milch und aufgeschürfte Knie schienen ihn einfach nicht so zu erschüttern wie mich. Verglichen mit kriegerischen Ereignissen, mit Armut und Unwissenheit, waren nasse Höschen und abgerissene Etiketten von meinem Eingemachten amüsante Ereignisse, wie sie wohl im Tagesablauf einer jeden Mutter vorkamen.

Am Ende des Tages fragte ich mich erschöpft, ob ich überhaupt etwas zustandegebracht hatte. Obwohl ich geputzt hatte, sah das Haus immer noch unordentlich aus. Mir blieb nur die Hoffnung auf etwas Frieden und Ruhe am Abend, wenn die Kinder im Bett waren, doch dann war ich gewöhnlich schon zu müde, um die restlichen Stunden des Alleinseins genießen zu können.

Vom ersten Hahnenschrei am frühen Morgen, kurz vor Sonnenaufgang, bis zum Untergang der Sonne hinter der majestätischen Bergkette, auf die man von unserem Haus aus blickte, waren meine Tage ausgefüllt mit Aktivitäten. Die Sorge um das äußere Wohl meiner Kinder hielt mich ständig in Trab. Ich fühlte mich wie eine Grashüpfermutter, die bemüht war, ihre munter herumhüpfenden Jungen im Auge zu behalten. Meine Vier zehrten an meiner Substanz; sie stellten meine Geduld und mein Durchhaltevermögen auf die Probe.

Heute bin ich froh, daß ich meine Kinder in jungen Jahren bekommen habe. Damals hatte ich noch die nötige Energie und Ausdauer, um die aufreibende Pflege und Erziehung kleiner Kinder durchzustehen. Es ist erstaunlich, wie Mütter diese ersten Jahre bewältigen. Doch da uns keine andere Wahl bleibt, machen wir einfach das Beste aus der Situation. Dabei sollten wir jede Hilfestellung annehmen, die Gott uns geben kann, damit diese ersten Kindheitsjahre so angenehm und fruchtbar werden wie möglich.

Der Glaube der Mutter

"Vom Aufgang der Sonne bis zu ihrem Niedergang sei gelobt der Name des Herrn" (Psalm 113,3). Ist es uns angesichts unserer Geschäftigkeit überhaupt noch möglich, die Größe Gottes den ganzen Tag über zu preisen?

Die Israeliten waren aufgerufen, ihre Kinder den ganzen Tag über treu im Worte Gottes zu unterweisen. Das ist auch für uns ein ernstzunehmendes Gebot. „*Und diese Worte, die ich dir heute gebiete, sollen in deinem Herzen sein. Und du sollst sie deinen Kindern einschärfen, und du sollst davon reden, wenn du in deinem Hause sitzt und wenn du auf dem Weg gehst, wenn du dich hinlegst und wenn du aufstehst*" *(5. Mose 6,6-7).*

Wir mögen dies zwar für richtig halten, fragen uns aber, wie wir das in unserem streßgeplagten Zuhause in die Tat umsetzen sollen.

Wenn Gott uns auffordert, etwas zu tun, wird er selbst uns für die Aufgabe zurüsten. Er befähigt uns und ebnet den Weg zum Erfolg *(Philipper 1,6; 2,13).* Alles, was er braucht, ist ein Herz, das ihm für seine Zwecke zur Verfügung steht.

Gott möchte, daß Ihre Kleinen seine Liebe kennenlernen. Er wird deshalb innerhalb der Familie dafür sorgen, daß dies geschehen kann.

Gott berücksichtigt Ihre innersten Wünsche. Sie sollten sich deshalb einmal fragen, welche Wünsche Sie für Ihre Kinder hegen. Was wünschen Sie sich für ihr Leben? Auf welches Ziel hin erziehen Sie Ihre Kinder?

Viele Mütter mußten eingestehen, daß körperliches Wohlergehen und Verdienst ihnen am wichtigsten waren. Wir leben in einer Gesellschaft, die Ausbildung, finanziellen Gewinn und beruflichen Erfolg am höchsten bewertet. Wir arbeiten darauf hin, daß das Leben unserer Kinder erfolgreich verläuft und sie sich zu angepaßten, gut situierten Erwachsenen entwickeln.

Viele Familien in Amerika bauen ihr Leben auf materiellen Dingen auf, ohne zu bedenken, daß Dinge niemals glücklich machen, weil sie nicht von Dauer sind. Trotzdem investieren viele Menschen ihr Leben lang in irdische, vergängliche Dinge.

Billy Graham sagte einmal, die Menschen versuchten, sich selbst einzureden, daß sie alles mitnehmen könnten. Doch noch nie hat jemand einen Leichenwagen mit Anhänger gesehen.

Gott hat uns Dinge gegeben, damit wir sie benutzen, und Menschen, damit wir uns an ihnen erfreuen sollen. Irgendwie ist diese Ordnung in unserer Gesellschaft durcheinander geraten: Es werden Menschen benutzt, damit man sich an Dingen erfreuen kann. Nur zweierlei auf Erden hat Ewigkeitswert: der Mensch und das Wort Gottes. Alles andere wird vergehen. Ich möchte mein Leben für etwas einsetzen, das ewig bleibt. Ich möchte in angemessener Weise auf das Leben meiner Kinder einwirken und alles tun, um sie auf die Ewigkeit vorzubereiten. Ich möchte die Zeit, die ich mit ihnen verbringe, weise gebrauchen, so daß ich mich am Jüngsten Tag vor Gott nicht zu schämen habe. Ich möchte die Fürsorge für das äußere Wohl meiner Kinder nicht überbewerten, so daß ich darüber vergesse, die gute Nachricht von der Erlösung an sie weiterzugeben. Was würde es mir nützen, wenn ich die ganze materielle Welt für sie gewönne, sie aber durch die verheerenden Folgen satanischer Einflüsse verlöre?

Indem eine Mutter in erster Linie nach dem trachtet, *"was droben ist" (Kolosser 3,1)*, schafft sie die nötige Voraussetzung, um ihren Kindern Jesus nahezubringen. Wenn ihre Herzenshaltung dem Willen Gottes entspricht, wird sie erleben, wie sich die Dinge bei ihr zu Hause verändern.

Als junge Mutter habe ich selten über die Art und Weise meiner Verkündigung bei den Kindern nachgedacht. Es gab kaum ein Buch über dieses Thema. Aber die Sehnsucht, meine Kinder mit Jesus als ihrem persönlichen Herrn und Heiland bekannt zu machen, gab mir die nötige Inspiration. Ich wollte ihnen die Liebe nahebringen, die Jesus für sie hatte, und wünschte nichts sehnlicher, als daß sie den Herrn ebenso real erlebten wie ich. Die halbe Schlacht war schon geschlagen, wenn ich bereit war zu tun, was Gott von mir verlangte. *"Habe deine Lust am Herrn, so wird er dir geben, was dein Herz begehrt. Befiehl dem Herrn deinen Weg und vertraue auf ihn, so wird er handeln" (Psalm 37,4-5)*. Wenn das Ihr Herzensanliegen ist, wird der Herr Sie befähigen, Ihren Kindern die Liebe Gottes nahezubringen.

Vielleicht empfinden Sie es als Nachteil, daß Sie nicht in einem christlichen Heim aufgewachsen sind und über kein Vorbild verfügen, auf das Sie für Ihr eigenes christliches Leben zurückgreifen können. Zweifellos ist ein christliches Zuhause von Vorteil, doch keineswegs Vorbedingung. Gott tut sein Werk auf individuelle Weise - gerade da, wo wir uns befinden. Jetzt ist Gottes Zeit für Sie gekommen. Er hält sich heute an seine Zusagen; und auch die Zukunft ist in seinen Händen. So wie Sie selbst ein Individuum sind, wird Gott Sie auch individuell anleiten, den Bedürfnissen Ihrer Kinder gerecht zu werden.

Die Worte aus 5. Mose 6,6-7 werden von folgendem Gebot eingeleitet: *"Du sollst den Herrn, deinen Gott, lieben mit deinem ganzen Herzen und mit deiner ganzen Seele und mit deiner ganzen Kraft" (Vers 5).* Die Freude, die damit verbunden ist, Ihren Kindern Jesus nahezubringen, hat ihren Ausgangspunkt in Ihrer persönlichen Beziehung zum Herrn. Wenn Sie täglich in enger Beziehung zum Herrn leben, sich mit seinem Wort beschäftigen und zu ihm beten und zuerst nach seinem Reich und seiner Gerechtigkeit trachten (Matthäus 5,33), wird der Heilige Geist Sie unterweisen. Er wird Ihnen zeigen, wie Sie in die Tat umsetzen können, was Sie wissen müssen, um Ihre Kinder zu Christus zu führen *(Johannes 14,26).*

Wenn Jesus in Ihrem Leben den ersten Platz einnimmt, wenn Sie ihn als persönlichen Heiland kennen und wissen, daß er für Sie auf Golgatha gestorben und ewiges Leben im Himmel für Sie erworben hat, dann rückt damit alles andere an den richtigen Platz *(Matthäus 5,33).* Ihre persönliche Glaubensgewißheit ist die Voraussetzung für Ihr tägliches Bleiben in Christus.

Durch Ihren Glauben an Jesus ist der Heilige Geist in Ihr Leben gekommen. Er eifert darum, Sie ganz in Besitz zu nehmen *(Jakobus 4,5).* Wenn Sie sich ihm ausliefern, werden Sie in die Lage versetzt, ein Leben zur Ehre des Herrn zu leben. Das wird nicht immer leicht sein. Wir sind im Grunde alle egoistisch und wollen uns selbst zu Gefallen leben. Deshalb müssen wir unser Leben ständig unter den Einfluß des Heiligen Geistes stellen.

Wir Mütter wehren uns oft gegen unser Hausfrauendasein. Das dienende Herz, das wir dazu brauchen, ist unserem natürlichen Wesen fremd. In unserer Rebellion kommt es zu Selbstmitleid, Beleidigungen, Bitterkeit, Wut und bösen Worten. Der Heilige Geist will das alles verändern. Er möchte, daß wir von unserer neuen Natur bestimmt werden, die uns in das Bild Jesu umgestaltet. Er möchte in uns die Früchte des Geistes hervorbringen: *Liebe, Freude, Friede, Langmut, Freundlichkeit, Güte, Treue, Sanftmut und Enthaltsamkeit (Galater 5,22)*. Nur wenn wir uns der Kraft des Heiligen Geistes überlassen, werden wir in der Lage sein, unsere Kinder in der Nachfolge des Herrn zu unterweisen.

Gehen wir die Dinge noch einmal durch, die nötig sind, um unseren Kindern Jesus nahezubringen: Erstens, wir müssen es von ganzem Herzen wollen; zweitens, Jesus muß unser persönlicher Herr und Heiland sein; drittens, unser Leben muß unter der Leitung des Heiligen Geistes stehen.

Die Gebete der Mutter

Man kann das christliche Vorbild der Mutter in der Familie nicht hoch genug einschätzen. Die Art und Weise, wie sie ihren täglichen Verpflichtungen nachkommt, spricht für sich selbst. Entweder werden ihre Worte durch ihr Tun bestätigt oder zunichte gemacht.

Es ist nötig, daß Sie als Mutter Ihren Kindern etwas von Jesus erzählen, doch Ihre Worte haben wenig Bedeutung, wenn sich die Liebe Jesu nicht in Ihrem eigenen Leben auswirkt und Sie mit Ihren Kindern nicht auf liebevolle, beispielhafte Weise umgehen. Lange bevor sie die Worte verstehen, die Sie sprechen, werden Ihre Kinder hören, wer Sie sind.

Christentum ist ohne Gemeinschaft undenkbar. Indem Sie für eine liebevolle Beziehung zu Ihren Kindern sorgen, ziehen diese aus Ihrem Handeln Rückschlüsse auf die Liebe Gottes. Kinder brauchen solche greifbaren Beispiele.

Lange bevor ich viele der Dinge wirklich verstand, die Mutter mir von Jesus erzählte, sah ich sie im Leben meiner Mutter verwirklicht. Wenn sie sprach, hörte ich zu, weil ihre Worte Ausdruck ihres Lebens waren. Ihr gutes Beispiel weckte in mir den Wunsch zuzuhören.

Ich erinnere mich an die Faszination, die ich empfand, wenn ich sie frühmorgens verstohlen beim Gebet beobachtete. Das Gebetbuch neben sich, kniete sie am Schlafzimmerfenster, und ich sah, wie sich ihre Lippen bewegten. Was mochte sie wohl mit Gott besprechen? Es bewegte mich, den ernsten Ausdruck in ihrem Gesicht zu sehen. Mutter war mit Gott in Verbindung und sprach mit ihm über einige sehr bedeutsame Dinge, man durfte sie nicht stören.

Wir erlebten als Familie mit, wie ihre Gebete beantwortet wurden. Wenn dies geschah, pflegte sie gern zu sagen: "Gott hat viele Wunderweisen, sein' Allmacht zu beweisen."

Durch das Vorbild meiner Eltern erfuhr ich, wie notwendig es ist, Gott sonntags gemeinsam im Gottesdienst oder bei anderer Gelegenheit zu loben. Außer Krankheit gab es nichts, was das Fernbleiben vom Gottesdienst entschuldigen konnte. Als Kind ging ich gern zur Kirche, weil ich dort etwas spürte von der Gegenwart Gottes. Während des Gottesdienstes erlaubten meine Eltern keinerlei Ungezogenheiten. Wir befanden uns auf "heiligem Boden", und Ehrfurcht vor Gott war etwas sehr Wichtiges. Sie lehrten uns, mit gefalteten Händen und geradem Blick dazusitzen. Sonntags waren wir besonders schön angezogen, nicht, um uns vor den anderen zu präsentieren, sondern um Gott zu zeigen, daß wir ihm gefallen wollten. Wir wurden gelehrt, mitzusingen und zu beten, auch wenn wir nicht alle Worte verstanden.

Es war während eines Gottesdienstes, daß Gott mich persönlich ansprach und in seine Nachfolge rief. Im Alter von sechs Jahren hörte ich einen Missionar sprechen und beschloß, eines Tages einen Pastor zu heiraten und in der Mission zu arbeiten. Zwölf Jahre später begegnete ich Warren. Mein Gebet war erhört. Heute neckt er mich oft und sagt: "Ich hatte ja gar keine andere Wahl. Schließlich hat ein sechsjähriges Mädchen für mich gebetet, als ich gerade erst neun war."

Rückblickend erkenne ich, weshalb es mir so leicht fiel, Jesus zu lieben. Er war im Leben meiner Eltern spürbar gegenwärtig. Wenn von ihm gesprochen wurde, war er nicht irgendeine Phantasiegestalt oder historische Größe. Nein, Jesus war jemand, der in unserem Haus lebendig war.

Die Gebete meiner Mutter am frühen Morgen verwandelten unser Haus in einen Ort, der die Liebe Jesu widerspiegelte. Oft verwies sie auf den Spruch, der bei uns in der Küche hing:

„*In diesem Heim ist Christus Herr,*
unsichtbarer Gast bei jedem Mahl
und stiller Hörer jedes Worts."

Da meine Mutter unter der Leitung des Heiligen Geistes stand, ging Gottes Liebe von ihr aus. Und weil das so war, bekamen ihre Worte Gewicht. Die anschaulichen Beispiele, die sie beim Erklären gebrauchte, prägten sich mir tief ein. Es gab manchmal auch Zeiten, in denen sie von Selbstmitleid überwältigt wurde und ärgerlich reagierte. Aber das waren Ausnahmen. Sie war nicht frei von Sünde, aber sie lebte von der Vergebung, die Jesus ihr anbot. In dieser Tatsache lag für sie selbst und für uns Kinder der ganze Unterschied.

Perfekt werden wir niemals sein. Auch Sie werden in der Erziehung Ihrer Kinder Fehler machen. Wichtig ist nur, daß Ihre Kinder wissen, wonach Sie sich im Leben ausstrecken. Können sie Ihnen den Wunsch nach einem geheiligten Leben abspüren? Oder geben Sie ihnen das Gefühl, daß es Ihnen nur um Ihre eigenen Wünsche geht?

Wenn wir den Herrn betrüben, kann uns das Blut Jesu wieder reinwaschen von unserer Sünde, und wenn wir als Mütter versagen und nicht so sind, wie Jesus uns haben will, dann wartet er darauf, uns wieder aufzurichten, damit wir neu beginnen können. Ich lebe von dieser Vergebung. Das ist meine einzige Hoffnung, damit ich die Mutter werde, die Gott sich wünscht. Ich habe sicherlich Fehler in der Erziehung meiner Kinder gemacht, doch sie haben keine verheerenden Folgen, weil Gott Heilung bewirken kann. Ich vertraue darauf, daß er trotz meines Versagens alles gut hinausführen wird.

Der mütterliche Einfluß

Mütter verfügen über große Einflußmöglichkeiten. Gläubige Mütter bringen die Voraussetzung zur Erziehung gottesfürchtiger Kinder mit. Doch auch das Gegenteil trifft zu: Mütter, die ohne Gott leben, haben oft genug gottlose Kinder.

Wenn Sie die Biographien bedeutender Persönlichkeiten lesen, werden Sie feststellen, wie viele von ihnen darin den Einfluß ihrer Mütter erwähnen. Nicht umsonst sagt man: "Die Hand, die die Wiege bewegt, regiert die Welt" und: "Hinter jedem bedeutenden Mann steht eine Frau." Mütter können ihre Kinder sowohl zum Guten als auch zum Bösen beeinflussen.

Eine Zeitung brachte einmal die Geschichte zweier Familien. Bei der einen handelte es sich um die Familie eines bekannten Atheisten, bei der anderen um die Familie von Jonathan Edwards, dem bekannten amerikanischen Prediger. Die beiden waren Zeitgenossen. Der Atheist heiratete eine ungläubige Frau. Aus dieser Verbindung gingen bis zur vierten Generation 1200 Nachkommen hervor, darunter 400 Körperbehinderte, 310 Almosenempfänger, 150 Kriminelle und 7 Mörder - und das in einer Zeit, die als puritanisch galt. Jonathan Edwards heiratete eine gläubige Frau. Von den 1394 registrierten Nachkommen in der vierten Generation waren 14 Universitätsprofessoren, 100 Prediger, Missionare und Religionslehrer, mehr als 100 Richter und Anwälte, 60 Ärzte, 60 Schriftsteller und Verleger - und fast jeder Industriezweig Nordamerikas ist durch einen Nachkommen Jonathan Edwards positiv beeinflußt worden (*Decision*, August 1981).

Alles, was Sie Ihre Kinder lehren, müssen diese an Ihnen sehen können. Was Sie selbst nicht praktizieren, werden Ihnen die Kinder kaum abnehmen.

Ihre Kinder müssen wissen, daß Sie beten und daß Sie diese täglichen Gebetszeiten brauchen. Mich hat es sehr beeindruckt, wenn meine Mutter vor Gott auf den Knien lag und betete. Ihr Vorbild lehrte mich, daß dem Gebet im Leben eines Christen große Bedeutung zukommt.

Sehen Ihre Kinder, daß Sie beten? Welch ein Segen ist es für sie, wenn sie miterleben, daß ihre Mutter sich jeden Tag Zeit zur Stille nimmt. Manchmal haben wir Hemmungen, wenn es ums Gebet geht. Wir möchten unbeobachtet sein und versuchen zu warten, bis alles ruhig ist.

Meine Kinder wollten oft dabei sein, wenn ich betete. Wenn ich mit gesenktem Kopf und geschlossenen Augen vor meinem Bett kniete, fühlte ich oft einen kleinen Körper neben mir knien. Gewöhnlich waren es Johnny oder Elisabeth. Ohne die geringsten Hemmungen machten sie fest die Augen zu und sagten das Gebet auf, das sie zuletzt gelernt hatten.

Heute ist die Küche mein bevorzugter Gebetsort. Bevor der Tag beginnt, liebe ich es, mit Gott allein zu sein. Ich bitte ihn, mich den ganzen Tag über zu begleiten und mir zu helfen, zu seiner Ehre zu leben. Ich bete, er möge das Haus mit seiner Liebe erfüllen, damit jedes meiner Kinder seine Liebe erfährt. Welch ein Segen sind diese Gebetszeiten für mich! Mein Haus ist bereit, wenn meine Lieben aufstehen. Sie begegnen Jesus in meiner Küche, weil er dort gewesen ist, als ich bete. Es ist wirklich ein Unterschied. Manchmal kommt das eine oder andere meiner Kinder herein, bevor ich meine stille Zeit beendet habe. Dann ist es mein Gebet, daß es sie ebenso berührt wie mich damals, als ich meine Mutter beten sah.

Die Kinder sollten auch miterleben, daß Sie sich mit Gottes Wort beschäftigen. Wissen Ihre Kinder, daß Ihnen das Wort Gottes außerordentlich wichtig ist? Haben Sie eine Bibel im Haus? Sehen Ihre Kinder, daß Sie darin lesen? Wenn die Kinder erleben, daß Sie sich ständig darum bemühen, Gottes Wort in sich aufzunehmen, halten Sie ihnen damit eine weitere stumme Predigt.

Als meine Kinder klein waren, hatte ich Schwierigkeiten, mir Zeit zum Bibellesen zu nehmen. Meine Kleinen waren mir ständig auf den Fersen und forderten meine ungeteilte Zuwendung. Nur selten hatte ich einige freie Augenblicke. Doch dann kam ich darauf, meinen Kindern laut aus der Bibel vorzulesen und sie auf diese Weise mit einzubeziehen. Jede Gelegenheit nahm ich wahr, um ihnen etwas vorzulesen. Oft nahm ich ihre kleinen Finger und deutete auf die Worte, die ich gerade las. Obwohl sie den Inhalt nicht verstehen oder selbst noch nicht lesen konnten, spürten sie die Liebe und Zuwendung, die ich ihnen gab. Sie kamen sich wichtig vor, weil sie schon in der Lage waren, mit Mutti zusammen zu lesen. Immer wieder sagte ich ihnen, wie gern ich die Bibel las, weil sie mir alles über Jesus erzählte. Es gibt bei uns in Amerika ein Liedchen, das ich oft mit ihnen gesungen habe:

„Meine Bibel soll immer mich leiten, mein herrliches Bibelbuch. Meine Bibel soll immer mich leiten, sie ist so wertvoll für mich."

Während ich sang, bat ich sie, das Buch an ihr Herz zu drücken, um ihrer Liebe zu Gottes Wort Ausdruck zu geben. Bald schon kannten sie das Lied und sangen es mit mir zusammen.

In vielen christlichen Buchhandlungen gibt es kleine Taschenbibeln. Sie kosten nicht viel, sind aber wichtig für jedes Kind, das gelernt hat, Gottes Wort zu lieben und zu respektieren. Während ich in meiner Bibel las, taten meine Kleinen so, als läsen sie in ihrer.

Die Bibel wurde bei uns zu Hause an einem Platz aufbewahrt, der ihrer Bedeutung entsprach. Man durfte sie auf keinen Fall nachlässig behandeln, sie nicht auf dem Boden liegenlassen oder unter anderen Büchern verstecken. Unsere Kinder bekamen gesagt, daß sie auf ihre kleinen Bibeln aufzupassen und sie an einem besonderen Platz aufzubewahren hatten. Nachdem ich den Kindern einen Bibelabschnitt vorgelesen hatte, sagte ich ihnen, jetzt sei es wichtig für Mutti, leise etwas für sich allein zu lesen. "Spielt ein wenig, während Mutti liest. Seid mal ganz leise. Ich stelle die Uhr auf fünf Minuten ein. Wenn es klingelt, wißt ihr, daß ich fertig bin", sagte ich ihnen. Irgendwie verstanden sie, worum es ging. Sobald die Uhr abgelaufen war, wußten sie, daß sie normal weiterspielen konnten. Sie hatten begriffen, daß ich diese Zeit der Stille brauchte.

Mit zunehmendem Alter lernten sie immer besser, meine stille Zeit zu respektieren. Oft zog ich mich zum Lesen und Beten ins Schlafzimmer zurück, während meine vier Kleinen vor der Tür mit Ungeduld auf mich warteten.

Von Suzanna Wesley erzählt man sich, daß sie zu Hause sehr wenig Zeit zur Stille fand. Doch ihre elf Kinder kannten das Signal, wenn Mutti beten wollte. Sie zog sich einfach ihre lange weiße Schürze über den Kopf, und schon war Stille. Die Schürze diente ihr als "Gebetskämmerchen", in dem niemand sie stören durfte.

An manchen Nachmittagen, wenn alle Tricks versagten, nahm ich die Kinder mit zu mir ins Bett und las ihnen vor. Die regnerischen Nachmittage in Neuguinea waren manchmal kalt und feucht. Dann vermittelte es Wärme und Geborgenheit, wenn wir uns alle unter den Decken zusammenkuschelten. Ich las ihnen eine Geschichte von Jesus vor, und bald schon waren sie unter dem Geräusch meiner Stimme eingeschlafen. Meine Kleinen fühlten sich geliebt, und gleichzeitig begriffen sie, daß ich Gottes Wort liebte. Es war nicht so wichtig, daß sie alle Einzelheiten verstanden. Das überließ ich Gott. Er trug die Verantwortung dafür. Sein Heiliger Geist arbeitete an ihnen, während ich mich lediglich von ihm gebrauchen ließ.

Es ist für unsere Kinder auch von Wichtigkeit, daß sie miterleben, wie wir mit anderen Gläubigen Gemeinschaft pflegen. Es ist meine Überzeugung, daß auch Babys schon mit in die Gemeinde gebracht werden sollten, wenn sie nicht zu unruhig sind und stören. Kinder sind in der Lage, schon früh zu lernen, wie man ruhig und in angemessener Haltung dasitzt.

Selbst in dem einfachen Dorf, in dem wir in Neuguinea lebten, war der gemeinsame Gottesdienst etwas Besonderes. Unsere Buschkirche mit Lehmfußboden, geflochtenen Schilfgraswänden und Grasdach war ein ganz besonderer Ort, ein Ort, an dem Jesus angebetet wurde.

Die Sonntage gaben uns Gelegenheit, unsere schönsten Sachen anzuziehen. Unsere Kleinen hatten Anweisung, die Hände zu falten und den Kopf zu neigen, wenn gebetet wurde. Sie wußten, die Kirche war kein Spielplatz, sondern ein Ort des Lobes und der Anbetung. Wie sich meine Kleinen damals anstrengten, alles richtig zu machen! Da sie die Ipili-Lieder viel schneller im Kopf hatten als ich, passierte es manches Mal, daß sie an den falschen Stellen zu singen anfingen oder andere Dinge taten, die mir mißfielen. Doch alles war natürlich eine Sache der Übung.

Welch ein Erlebnis war es für mich, als unser Jüngster es endlich schaffte, den Gottesdienst durchzustehen, ohne in irgendeiner Weise zu stören. Nach sieben Jahren war es mir endlich vergönnt, einer ganzen Predigt ungestört zuzuhören. Als unsere Kinder noch größer waren, verlegten wir unseren Platz von der letzten Reihe in die erste. Ich war stolz. Die schlimmsten Jahre hatte ich überstanden.

"Vom Aufgang der Sonne bis zu ihrem Niedergang" haben Sie als Mutter die Möglichkeit, Ihren Kindern das Wort Gottes nahezubringen. Ein solcher lebendiger Unterricht erwächst aus Ihrer persönlichen Hingabe an den Herrn. Wenn Gottes Wort in Ihnen Gestalt annehmen kann und Sie sich vom Heiligen Geist bestimmen und ausrüsten lassen, wird die Liebe Jesu in Ihnen sich positiv auf Ihre Familie auswirken.

Wachsen in der Gnade

Christen, die entschieden nach Gottes Wort leben, sind in der Minderzahl. Sie müssen deshalb als bewußte Christin und Mutter in einer weltlich orientierten Gesellschaft mit Angriffen rechnen. Ihre Ideale werden von anderen nicht widerspruchslos hingenommen. Ihre Haltung in bezug auf Mutterschaft und Familie wird als Herausforderung empfunden, und es kann sein, daß man Ihre Liebe zu Jesus lächerlich macht, die Sie in Ihrer Familie auszuleben versuchen.

Wenn Sie sich wie ein flackerndes Licht in der Dunkelheit fühlen, können Sie der Zusage Gottes vertrauen, daß Ihr Glaube nicht verlöschen wird. Christus ist das Licht der Welt, und sein Licht wohnt in Ihnen, damit Sie es an andere weitergeben können. (Vgl. Matthäus 5,14-16; Johannes 1,4-5; 8,12; Jesaja 42,3.)

Vielleicht haben Sie das Gefühl, nichts für Christus tun zu können, weil Sie mit Ihren kleinen Kindern zu Hause sind. Doch der Eindruck, den Sie bei Ihren Kindern hinterlassen, gehört mit zum Größten, was Sie im Leben erreichen können. Gott gibt Ihnen nur einmal Gelegenheit, mit Ihren Kindern zusammenzusein. Sie können die Zeit nicht zurückdrehen und noch einmal von vorne beginnen. Es ist deshalb wichtig, weise mit der Ihnen anvertrauten Zeit umzugehen.

Sie dürfen nicht bis zur Kindergartenzeit mit der Unterweisung Ihrer Kinder warten. Das wäre zu spät. Der Unterricht muß bereits einsetzen, bevor das Kind die Bedeutung von Worten versteht.

Pastor Larry Christenson hat zu diesem Thema folgendes zu sagen:

Wir leben in einer Zeit, in der 1000 verführerische Stimmen an das Ohr und Gemüt unserer Kinder dringen. Es genügt nicht, sie mit einem bestimmten Moralkodex vertraut zu machen und ihnen ein paar feststehende Gebete beizubringen. Unser Zuhause muß vielmehr so von der Gegenwart Jesu erfüllt sein, daß sie ihm an allen Ecken begegnen, ihn kennenlernen und ihn ebenso selbstverständlich lieben, wie ein Kind seine Eltern liebt. In einer solchen Umgebung kann Jesus zum Inhalt ihres Wünschens und Wollens werden. Und dies ist das einzige Gegenmittel gegen die Mächte der Finsternis und des Zerfalls, die heute in der Welt am Werke sind.

Die Zeiten sind vorbei, in denen Eltern ihren Kindern einen angenehmen religiösen Anstrich mit auf den Weg gaben. Heute sind sie entweder erfüllt und begeistert von Jesus oder von der Sünde. Alles, was wir unseren Kindern mitgeben, ist wertlos, wenn wir nicht in der Lage sind, ihnen Jesus nahezubringen ("The Christian Family", Bethany Fellowship, S. 166).

Auch Anna Mow betont in ihrem Buch "Your Child - from Birth to Rebirth" (Ihr Kind - von der Geburt bis zur Wiedergeburt), wie sehr die geistliche Entwicklung des Kindes von der häuslichen Atmosphäre abhängig ist. Sie schreibt u.a.:

Wahre Religiosität hat wesentlich mehr mit lebendiger Beziehung zu tun als mit Worten. Wir beginnen zu spät, wenn wir bei unseren Kindern bis zum Zeitpunkt verbaler Kommunikation warten, um ihnen eine Vorstellung von Gott zu geben. Zu viele Christen haben nur in Form von Worten über Gott nachgedacht. Sie scheinen mit den Dingen zufrieden zu sein, die man über ihn sagen kann. Worte sind wichtig und haben ihren rechtmäßigen Platz, doch am Anfang muß eine andere Grundlage stehen. Sie entwickelt sich zu Hause - im Verhältnis zueinander (Zondervan, S. 25).

Ein kleiner Junge, der nachts vom Donner eines Gewitters wach geworden war, rief ängstlich nach seinem Vater: "Vati, Vati, bitte komm. Ich habe Angst!"

"Brauchst dich nicht zu fürchten", entgegnete der Vater. "Gott liebt dich. Er wird auf dich aufpassen."

"Ich weiß, Vati, aber jetzt brauch ich jemand ‚mit Haut dran.'"

Als Mutter sind Sie für Ihre Kinder gleichsam diese Liebe Gottes "mit Haut dran." Es muß Ihnen bewußt sein, wie wichtig es ist, daß Sie bei sich zu Hause die Liebe Gottes repräsentieren. Ihre Kinder werden aus Ihrer Zuwendung und Ihrer Berührung mehr Rückschlüsse ziehen als aus dem gesprochenen Wort - besonders am Anfang, wenn sie noch klein sind.

Es ist interessant zu sehen, wie Kinder Erwachsene beurteilen. Jeder erwachsene geistliche Leiter muß Kindern gegenüber sehr wachsam sein. In unserer Gemeinde werden die Kinder von ihren Eltern mit zum Abendmahl genommen. Zwar nehmen sie selbst noch nicht am Abendmahl teil, werden aber vom Pastor gesegnet. Wenn Warren das Abendmahl austeilt, geschieht es oft, daß die Kleinen ihm zuwinken, um ihm ein leises "Hallo, Jesus" zuzuflüstern. Ebenso häufig passiert es, daß die Kleinen meinem Mann nach dem Gottesdienst die Hand geben und sagen: "Bis nächsten Sonntag, Gott".

Da die Kinder aus dem Charakter derer, die eine geistliche Führungsrolle haben, Rückschlüsse auf das Wesen Gottes ziehen, ist es außerordentlich wichtig, daß Pastoren, Sonntagsschullehrer, Diakone und besonders die Eltern die Eigenschaften Christi an den Tag legen.

Jesus maß den Kindern im Reiche Gottes eine hohe Bedeutung zu. Er sagte: *"Wer das Reich Gottes nicht aufnehmen wird wie ein Kind, wird nicht hineinkommen" (Lukas 15,17).*

Als Mütter ihre Kinder zu Jesus brachten, wollten sie nur, daß er sie anrührte. Diese Mütter müssen gewußt haben, wie wichtig die Berührung ist, wenn man kleinen Kindern seine Liebe zeigen will. Jesus nahm die Kleinen in seine Arme und segnete sie. Indem er das tat, vermittelte er ihnen etwas vom Urgrund seines Wesens.

Wenn die Kinder zu ihm gebracht wurden, fragte er sie nicht nach ihrem Alter oder nach dem, was sie bereits verstanden. Er bat die Jünger auch nicht, die Kinder in Reih und Glied aufzustellen, damit er ihnen eine Geschichte erzählen konnte. Nein, er nahm jedes Kind liebevoll auf den Schoß und sah ihm in die Augen. Das war etwas ganz Persönliches, und die erfahrene Berührung prägte sich den Kindern ein. Später, als sie in der Lage waren, den Inhalt seiner Worte zu verstehen, erinnerten sie sich an jene liebevolle Begegnung mit Jesus und verstanden noch besser, wer er war.

Ihre Kinder sollen eines Tages zu christlichen Männern und Frauen werden. Es ist deshalb Ihr Ziel, sie zu geistlicher Unabhängigkeit zu erziehen. Im Verlauf Ihrer Unterweisung, die Strafen und Lieben umfaßt, wird der Heilige Geist an Ihren Kindern arbeiten, und sie werden in der Gnade wachsen.

Wir müssen daran glauben, daß der Heilige Geist schon im kleinsten Kind eine persönliche Beziehung zu Jesus bewirken kann.

Im Außerachtlassen dieser grundsätzlichen biblischen Lehre ist es bei uns oft zu Fehleinschätzungen unseres Problems und unserer elterlichen Verantwortung gekommen. Einerseits bringen wir unseren Kindern Lieder wie "Jesus liebt mich" bei, andererseits neigen wir zu der rationalistischen Auffassung, daß Kinder "nicht glauben können" und warten auf den Tag, an dem sie groß sind und "Chri-

stus aufnehmen". Wenn wir doch der Bibel glaubten und uns bewußt würde, wie vorbehaltlos ein Kind glaubt, wenn es singt. Kein anderer Gedanke hat in seinem Herzen Platz, als der, daß Jesus es wirklich liebt. Sein Problem ist nicht der Mangel an Glauben, sondern der Mangel an Erfahrung. Es ist Aufgabe der Eltern, diesen Glauben erfahrbar zu machen. In konkreter und praktischer Art und Weise müssen Vater und Mutter dem Kind dazu verhelfen, daß es die Liebe Jesu in den Angelegenheiten des täglichen Lebens erkennt (Larry Christenson, "The Christian Family", S. 151).

So wie ein winziges Samenkorn viel Pflege benötigt, bis es sich zu einer fruchttragenden Pflanze entwickelt, so braucht auch Ihr Kind besondere Liebe und Fürsorge, um im Glauben zu wachsen. Es geschieht nicht über Nacht. Manchmal ist dies ein langer und aufreibender Prozeß.

Das Wachstum des kindlichen Glaubens geht Hand in Hand mit seiner körperlichen und emotionellen Entwicklung. Indem man dem Kind auf körperlicher und seelischer Ebene Liebe entgegenbringt, schafft man einen geschützten und fruchtbaren Boden für sein geistliches Wachstum.

Sie bereiten Ihre Kinder auf *"feste geistliche Speise" (Hebräer 5,13)* vor. Auch im Natürlichen ist es so, daß die Babys eines Tages von der Milch auf feste Kost überwechseln. Bei einigen ist der Entwöhnungsprozeß lang und mühsam, während andere sich schnell an feste Kost gewöhnen.

In den ersten Jahren sind Ihre Kinder in bezug auf ihre geistliche Nahrung sehr von Ihnen abhängig, doch allmählich kommt die Zeit ihrer geistlichen Unabhängigkeit. Sie werden ein persönliches Verhältnis zu Gott entwickeln und die feste Kost direkt von ihm bekommen, aus seinem Wort.

Jeder braucht diese persönliche Beziehung zu Gott, doch wie viele Christen geben sich noch mit dem überlieferten Glauben ihrer Eltern zufrieden. Sie sind niemals geistlich erwachsen geworden. Sie berufen sich in ihrem Glauben darauf, daß sie als kleine Kinder Gott geweiht wurden, oder sie verweisen auf ihre Taufe, ihre Konfirmation oder ihre Mitgliedschaft in irgendeiner Kirche.

Wie sehr Sie Ihre Kinder auch lieben mögen, Ihr Glaube wird sie nicht erretten. Gott hat keine Enkelkinder. Wenn Sie sich für Jesus entschieden haben, bedeutet das nicht automatisch, daß Ihre Kinder errettet sind. Nicht die Eltern bewirken die Erlösung ihrer Kinder, sondern Gott. Die Eltern sind lediglich Gottes Werkzeuge in dieser Welt, damit sie ihren Kindern die rettende Liebe Jesu nahebringen.

Wenn Eltern ihre Babys in die Kirche bringen, um sie dem Herrn zu weihen, gibt es - je nach Lehre und Tradition unserer Gemeinden - unterschiedliche Zeremonien, um diesem Bund mit Gott Ausdruck zu geben. Doch wir alle rechnen fest damit, daß Gott, dem wir die Kinder weihen, sie mit seiner Treue und Gnade umgibt und sie in ihrem zarten Alter behütet. Wir glauben, daß Gott - während wir unsere Kinder ernähren und lieben, anleiten und für sie beten - das Seine tun und sie in seiner Treue durch den Heiligen Geist zu sich ziehen wird.

Damit ist nicht gesagt, daß sie mit Sicherheit errettet werden, denn jeder Mensch hat Entscheidungsfreiheit. Es bedeutet aber, daß wir mit Gottes unendlicher Liebe für unsere Kinder rechnen dürfen und er keine Möglichkeit auslassen wird, sie zu sich zu ziehen, wenn wir sie ihm als Babys ausgeliefert haben.

Wegbereitung zur Unabhängigkeit

In ihrem Buch "Ihr Kind von der Geburt zur Wiedergeburt" spricht die christliche Erzieherin Anna Mow über die Zeit, die der persönlichen Christuserfahrung eines Kindes vorausgeht. Sie sagt:

Wenn ein Kind in einem christlichen Elternhaus und einer christlichen Gemeinde aufgewachsen ist und der Tempel seines Denkens und Fühlens mit großer Ehrfurcht auf den heiligen Empfang vorbereitet wurde, ist die Zeit gekommen, wo es dem Lebensfürsten unweigerlich selbst begegnen wird. Dieser wird dem Kind kein Fremder mehr sein, weil es ihn schon lieben gelernt hat (Zondervan, 1963, S. 135).

Der Tag, an dem ein Kind geistlich unabhängig von seinen Eltern wird, gestaltet sich von Kind zu Kind verschieden. Gott ist es, der ihre geistliche Wiedergeburt bewirkt, und er bestimmt die Zeit. Wir können den Zeitpunkt weder bestimmen noch beschleunigen. Es wäre wesentlich einfacher für uns und unsere Kinder, wenn wir gelassener würden, anstatt innerlich in Spannung zu geraten, wenn es nicht so schnell geschieht, wie wir es möchten.

Ihr reizender kleiner Schatz von damals, der seine Liebe zu Jesus so unbefangen zum Ausdruck bringen konnte, hat sich in einen verschlossenen Teenager verwandelt. Wenn er, der als Kleinkind nicht ohne Gebet einschlafen konnte, es als Zwölfjähriger fertigbringt, sich abends still zum Schlafen zurückzuziehen, kann es möglich sein, daß er sich gerade mitten in den "Geburtswehen" befindet.

Dieses Stadium ihrer geistlichen Entwicklung mitzuerleben, ist nicht einfach. Ich wollte den Prozeß beschleunigen und dem Heiligen Geist in seinen Bemühungen, meine Kinder zu Christus zu ziehen, "assistieren". Meine innere Anspannung blieb ihnen natürlich nicht verborgen, so daß sich der Prozeß unnötig verzögerte. Als ich endlich gelernt hatte, mich zu entspannen und Gott zuzutrauen, daß er an jedem meiner Kinder arbeitete, bekam ich Frieden und ein reales Gespür für das Wirken des Heiligen Geistes. Gott hatte mir Geduld zum Warten geschenkt.

Wir haben auf unsere Kinder keinerlei Bekehrungszwang ausgeübt. Mein Mann und ich haben sie lediglich auf die Tatsache hingewiesen, daß Gott eines Tages persönlich zu ihnen sprechen würde. Auf diesen Tag sollten sie vorbereitet sein.

Alle unsere Kinder fällten ihre Entscheidung für Jesus bei ihrer Konfirmation. Es war ein Tag, an dem sie in ganzem Ernst vor den Altar Gottes traten und sich vor anderen Christen öffentlich zu Jesus als ihrem persönlichen Herrn und Heiland bekannten.

Wie freute ich mich als Mutter, diese Stunde mitzuerleben! Der Heilige Geist hatte in jedem unserer Kinder diese Entscheidung bewirkt, während sie heranwuchsen und an Gnade zunahmen.

Doch wenn ein Kind diesen Punkt erreicht hat, ist das Wachstum noch lange nicht abgeschlossen. Die geistlichen Kleinkinderschuhe haben sie zwar abgelegt, doch sind sie auch jetzt noch auf die Unterstützung und Fürsorge ihrer Eltern angewiesen und brauchen weisen Rat und Ermutigung für ihr Glaubensleben.

Geistliche Gesundheit

Wir haben bei uns zu Hause eine Pflanze, die für uns die schönste ist. Doch das war nicht immer so. Lange Zeit wuchs sie nicht richtig und sah krank aus, so daß wir uns fragten, ob sie am Leben bleiben würde.

Als John sechs Jahre alt war, war ich eines Tages mit ihm in einen Laden einkaufen gegangen, der wegen Geschäftsaufgabe geschlossen werden sollte. Auf einem Tisch hatte man eine ganze Reihe armselig aussehender Pflanzen zusammengestellt, über denen ein Schild mit der Aufschrift angebracht war: "Totalausverkauf - jede Pflanze nur 25 Cent". Da ich mir einen solchen Kauf nicht entgehen lassen wollte, ließ ich Johnny eine Pflanze aussuchen, die ihm allein gehören sollte. Sie sahen alle so miserabel aus, daß ich mich fragte, ob Johnnys Pflänzchen überleben würde.

Nun, wir nahmen das "Stiefkind" mit nach Hause, wo es auf der Fensterbank in der Küche, oberhalb meiner Spüle, seinen Platz fand. Tag für Tag betrachteten John und ich das Pflänzchen und lobten seine Schönheit. Wir kauften sogar einen neuen Blumentopf, damit es sich besser ausbreiten konnte. Bald schon begannen die Blätter der Pflanze sich intensiver grün zu färben. Sie bekam immer mehr Blätter, so daß sie nach einigen Monaten meinem Fensterplatz entwachsen war. Wir topften sie deshalb noch einmal um und gaben ihr einen Platz, wo sie ihre Blätter ungehindert ausbreiten und weiterwachsen konnte. Heute, acht Jahre später, nimmt Johns Pflanze eine ganze Ecke unseres Wohnzimmers ein. Jeder, der sie sieht, ist von ihrer Schönheit angetan. Es erübrigt sich zu sagen, daß John stolz auf sie ist. Seine jahrelange Fürsorge hat etwas Wunderbares entstehen lassen. Unsere Kinder sind mit dieser Pflanze vergleichbar. In ähnlicher Weise auf Hilfe angewiesen, droht ihnen ohne Christus in ihrem Leben der geistliche Tod. Doch Gott hat sie durch den Kreuzestod seines eingeborenen Sohnes von der Sünde und vom Tod losgekauft. Er kannte sie schon vor ihrer Geburt, als wir noch nichts von ihnen wußten *(Psalm 139,13-16)*. Gott hatte mit jedem der Kinder einen Plan und vertraute sie uns an, um sie zu lieben und zu umsorgen. Er befähigte uns als Eltern, diese kleinen Pflanzen mit seinem Wort zu "tränken" und seine Liebe Tag für Tag unter ihnen auszuleben.

Unsere Kleinen nahmen zu an Gnade. Der Heilige Geist wirkte an ihnen. Verschiedene Wachstumsphasen fanden statt, an deren Ende sie jedesmal "umgetopft" wurden. Es mußten neue Regelungen getroffen werden, weil sie zu ihrer Entwicklung mehr Platz und Freiraum benötigten. Das Endergebnis bestand in einem gesunden geistlichen Leben, dem man die Liebe Jesu abspüren konnte.

Der Heilige Geist wirkte Glauben in den Herzen meiner Kinder. Mein Beitrag war nur insofern bedeutsam, als ich mithelfen durfte, den Herzensboden meiner Kinder für die Aufnahme von Gottes Wort vorzubereiten.

Bevor Ihre Kleinen geboren wurden, waren sie Gott schon bekannt. Sie sind nicht zufällig auf der Welt. Gott hat in seinem Reich eine Aufgabe für Ihre Kinder, und er gibt Ihnen als Mutter Gelegenheit, ihnen die Liebe Jesu zu bezeugen. Der Segen, den dieser göttliche Einfluß im Leben Ihrer Kinder bewirkt, ist größer als jeder materielle Gewinn. Sie geleiten sie auf einen Weg, der bis zu Jesus ins Ewige Leben weiterführt.

Machen Sie Jesus zum Herrn Ihres Lebens, und lassen Sie sich von ihm zeigen, wie man Kinder zu ihm führt. Halten Sie fest und unerschütterlich am Glauben fest und seien Sie gewiß, daß Sie in Ihren Bestrebungen ganz im Willen Gottes sind. Wenn Sie seine Gebote befolgen, wird er sich Ihrer annehmen und Ihnen Erfolg schenken.

Eins mehr im Nest

Wartezimmer waren mir schon immer unsympathisch. So war es auch an jenem kalten Februartag des Jahres 1982, an dem ich beim Doktor saß und wartete, bis ich aufgerufen wurde. Mein Blick fiel auf die anderen Frauen im Wartezimmer, deren gewölbter Leib erkennen ließ, daß sie ein Kind erwarteten. Sie machten einen abgespannten, ängstlichen Eindruck und schienen den Augenblick herbeizusehnen, in dem sie von der schweren Last, die sie zu tragen hatten, befreit wurden.

"Vielleicht vergeht die Zeit schneller, wenn ich etwas lese", dachte ich. Neben mir auf dem Tisch lag die letzte Ausgabe der Times. Auf der Titelseite war eine berühmte Filmschauspielerin abgebildet, die offensichtlich ebenfalls schwanger war. Beim Durchblättern der Zeitschrift stellte ich fest, daß der Kinderwunsch älterer Frauen das Leitthema war - Frauen, die Karriere gemacht haben und schließlich meinen, daß ein Kind ihnen Erfüllung geben könnte.

Ich ließ die Zeitschrift sinken. Gehörte ich bald auch zu diesen Frauen, zu den sogenannten "reifen Müttern"? Um mich her erblickte ich nur junge Frauen, zu denen ich gar nicht zu passen schien. Ich war 39 Jahre alt. Die Freuden der Mutterschaft lagen schon viele Jahre zurück. Es war schön gewesen, kleine Kinder zu haben, doch diese Zeit war vorbei. Jetzt erkundete ich neue Gebiete, die mir Erfüllung schenken sollten. Warren hatte mich zum Arzt begleitet. Auch er wollte wissen, weshalb ich immer so müde war und fast täglich von Übelkeit geplagt wurde. In den vergangenen Wochen hatten wir verschiedentlich über die Möglichkeit einer Schwangerschaft miteinander gesprochen, doch schon der Gedanke daran fiel uns schwer. Schließlich hatten wir bereits vier gesunde Kinder großgezogen, die bald erwachsen sein würden. Es war einfach unpassend, jetzt noch ein Baby zu bekommen!

"Vielleicht haben bei dir die Jahre der Umstellung schon begonnen", hatte Warren gemeint. "Du weißt ja, daß heutzutage auch jüngere Frauen schon davon betroffen sind." Er versuchte den Gedanken an eine mögliche Schwangerschaft zu verdrängen. Als er aber merkte, daß mir das keinen Trost gab, versuchte er es mit einer anderen Erklärung meiner Symptome: "Vielleicht ist es die Gallenblase, Elise. Laß dich doch mal untersuchen."

Warrens Erklärungsversuche amüsierten mich zwar, doch im tiefsten versuchte auch ich, jeden Gedanken an eine mögliche Schwangerschaft zu unterdrücken. Ich wußte, daß das anderen älteren Frauen passierte, mir doch aber nicht! So entschloß ich mich, die Ursache für mein Befinden in einer Thrombosebehandlung zu sehen, die man Anfang Dezember stationär bei mir durchgeführt hatte. Vielleicht waren das seelische Trauma während der fast vierwöchigen strengen Bettruhe und die verabreichten Medikamente daran schuld, daß mein Körper jetzt so reagierte. Doch alle meine Erklärungsversuche führten an der Wirklichkeit vorbei. Wenn man vier Schwangerschaften hinter sich hat, ist es nicht schwer, eine fünfte zu diagnostizieren ...

"Mrs. Arndt? Bitte in Behandlungsraum 3. Der Doktor kommt gleich zu Ihnen." Warren, dem meine Nervosität nicht entgangen war, ergriff meine Hand und drückte sie aufmunternd. "Alles wird gut", sagte er, als ich hinausging. Ich war nicht allein. Warren würde mir beistehen, wie die Sache auch ausgehen würde. Nachdem die Testergebnisse vorlagen, kam der Arzt herein und sagte laut und deutlich: "Mrs. Arndt, Sie bekommen ein Baby. Der Test war positiv, und die Größe Ihres Uterus läßt erkennen, daß Sie etwa in der neunten Woche schwanger sind." Die Worte des Arztes klangen wieder und wieder in mir auf. War es wirklich wahr? Ich nannte vier Teenager mein eigen und war endlich frei von den anstrengenden Pflichten, die mit der Erziehung kleiner Kinder verbunden sind. Ich hatte Freiheitsluft geschnuppert und war im Begriff, eine eigenständige Persönlichkeit zu werden. Und jetzt sollte ich schwanger sein? Die Realität erneuter "Wüstenjahre" stand mir drohend vor Augen: die schlaflosen Nächte, das Trockenlegen, die aufreibende Kleinkinderzeit. Meine erste Reaktion auf die Mitteilung des Arztes war: "Wie konnte das passieren?" Das Lächeln, das sich darauf hin in seinem Gesicht ausbreitete, schien mir sagen zu wollen, daß ich das bei vier Kindern doch allmählich wissen mußte! Aber angesichts der Tatsache, daß er mich über das Versagen der heutigen medizinischen Wissenschaft und deren Statistik informieren mußte, wurde er im nächsten Augenblick sehr ernst und sagte: "Mrs. Arndt, ich muß mit Ihnen und Ihrem Mann über die möglichen Gefahren sprechen, die mit dieser Schwangerschaft für Sie und das Ungeborene verbunden sein können."

Ich fühlte, wie mir ein Kloß im Hals aufstieg. Niemals zuvor hatte ein Arzt in dieser Weise mit mir gesprochen. Die Nachricht, ein Baby zu bekommen, sollte eigentlich Freude auslösen, doch die Art und Weise, in der der Arzt an jenem Tag zu uns sprach, deutete daraufhin, daß ich die Worte Abort und Amniosynthese im Laufe dieser Schwangerschaft noch öfter hören sollte.

Mein Arzt war ein liebenswerter Mensch, dessen sichere Diagnose und ausgezeichnete medizinische Kenntnisse wir im Laufe der Jahre schätzen gelernt hatten. Langsam und bedächtig begann er auf die vielen Risiken hinzuweisen, die mit einer solchen Schwangerschaft verbunden waren. Dann wies er uns auf die Möglichkeiten hin, die Frauen in meiner Lage offenstanden. Im Staate Michigan ist jeder Arzt verpflichtet, Patientinnen auf die Risiken von Spätschwangerschaften für sie oder das Ungeborene hinzuweisen und ihnen eine Fruchtwasseruntersuchung und eventuelle Abtreibung zu ermöglichen. Mein Herz begann heftig zu klopfen, und Tränen stiegen mir in die Augen. Was ich da hörte, konnte ich seelisch einfach nicht verkraften. Warren dagegen hörte aufmerksam zu. Als wir mit der Statistik konfrontiert wurden, nach der Frauen meines Alters häufig Kinder mit dem Down'schen Syndrom zur Welt bringen, nahm Warren meine Hand fest in die seine. Doch das sei kein Grund zur Beunruhigung, versicherte der Arzt. Ein einfacher Test zur Früherkennung dieser Erkrankung, Amniosynthese genannt, könnte zwischen der 16. und 18. Schwangerschaftswoche durchgeführt werden. Sollte der Test positiv sein, könnten wir uns zu einem Schwangerschaftsabbruch entschließen. Für Warren und mich kam ein solcher Test nicht in Frage. Was für einen Sinn hatte es, so etwas zu erfahren, wenn wir gar nicht daran dachten, das Kind abtreiben zu lassen? Außerdem wäre der Fötus mit einer Wahrscheinlichkeit von 15 Prozent durch diesen Eingriff gefährdet.

Dann sagte mir mein Arzt, daß dies noch nicht sein größtes Problem sei. Viel größer sei die Wahrscheinlichkeit einer Keimschädigung durch die Medikamente, die ich in den ersten sechs Schwangerschaftswochen eingenommen hatte. Es ist eine bekannte Tatsache, daß das mir verabreichte Blutverflüssigungsmittel schwere fötale Anormalien zur Folge hat. Ob eine Schädigung vorlag und wie groß deren Ausmaß war, konnte indessen niemand sagen.

Auch jetzt konnte mein Verstand nicht fassen, was ich zu hören bekam. Wir, die wir vier gesunde, intelligente Kinder hatten, wurden mit der Möglichkeit konfrontiert, ein behindertes, anormales Kind zu bekommen. Würden wir die Kraft haben, mit einer solchen Glaubensprobe fertig zu werden? Ich stand vor der bedrängenden Frage, wie ich mit diesem Wissen sieben weitere Schwangerschaftsmonate durchstehen sollte.

Die nächsten Tage und Wochen zogen sich endlos in die Länge, während mein Stimmungsbarometer großen Schwankungen unterworfen war. Die Tatsache, daß sich neues Leben in mir entwickelte, erfüllte mich mit tiefer Ehrfurcht. Immer schon habe ich Babys geliebt - besonders meine eigenen -, und trotz mancher Unbequemlichkeiten bin ich mir in der Schwangerschaft immer wie ein wandelndes Wunder vorgekommen. Warren und ich haben die Schwangerschaften nie als "Pannen" empfunden, obwohl wir keins unserer Kinder je geplant hatten - am wenigsten das letzte. Doch wir haben sie alle in Liebe angenommen und sie als ganz besondere Gaben Gottes angesehen. Der Mutterinstinkt, der so stark in mir gewesen war, als meine Kinder noch klein waren, war merklich abgeflaut, seit sie sich dem Erwachsenenalter nähert. Die Arbeit, die ich mit dem Kinder-Mitfahrring hatte, meine Vorträge, die schriftstellerische Tätigkeit und viele andere Aktivitäten, in denen man Frauen meines Alters antrifft, vermittelten mir ein gewisses Freiheitsgefühl.

Doch jedesmal, wenn ich in der Kirche ein Neugeborenes im Arm hatte, pflegte mein Mutterinstinkt wieder durchzubrechen. Oft sagten mir die Leute, wie gut mir das Baby "stünde". "Warum schafft ihr euch nicht noch eins an, Elise?" "Schön wäre es", antwortete ich dann, "aber dafür bin ich zu alt. Ein Baby mit 39 ist etwas Schönes, aber ein Zweijähriges mit 41 gäbe mir den Rest. Ich warte lieber auf meine Enkelkinder. Sie kann ich dann verwöhnen, soviel ich will, und abends schicke ich sie wieder heim."

Künftig würde ich nicht mehr so reden können. Ich bekam tatsächlich ein Baby. Die Hormone, die mein Körper produzierte, weckten meine mütterlichen Instinkte. Ich begann, das Baby zu lieben und fühlte eine große Verantwortung für das Wohlergehen dieses heranwachsenden kleinen Wesens. Der Gedanke an den Daseinskampf, den es in meinem Inneren bereits zu bestehen hatte, erfüllte mich mit Mitleid.

Obwohl diese Schwangerschaft für mich mit viel Gutem verbunden war, blieben mir Stimmungstiefs nicht erspart. Der Gedanke an einen Schwangerschaftsabbruch machte mich krank. Die Vorstellung, daß mein Baby - seiner Glieder beraubt - aus mir herausgesaugt oder durch eine eingespritzte Salzlösung umgebracht würde, tat mir in der Seele weh. Offenbar hatte die gesellschaftliche Mehrheit keinerlei Interesse an einem einzelnen Baby - ob es nun mir oder jemand anderem gehörte. Viele Menschen sehen einen Fötus nicht als lebendiges, von Gott erschaffenes Wesen an. Für sie ist es nicht mehr als ein unbedeutendes Klümpchen, über das man beliebig verfügen kann. Ich bin Gott dankbar für die liebevolle Beziehung zwischen mir und dem Ungeborenen in jenen ersten Monaten. Ich danke ihm auch für meinen Ehemann, der nicht aufhörte, an einen liebenden, barmherzigen Gott zu glauben, der unser Baby und uns sehr liebhatte. Wie wurden wohl die vielen anderen Frauen, die keine solche Unterstützung hatten, mit dieser Situation fertig?

Es gab auch Zeiten, in denen ich mich niedergeschlagen und unsicher fühlte. Hatte ich das Recht, ein behindertes Kind zur Welt zu bringen? Ein Kind, das nicht darum gebeten hatte, am Leben zu sein? War es fair dem Kind gegenüber? Wie sah es mit meiner eigenen Tragfähigkeit aus? Wollte ich ein Kind großziehen, das vielleicht für den Rest seines Lebens auf Hilfe angewiesen war? War es fair meinem Mann gegenüber? Die vor uns liegenden Jahre sollten eigentlich eine Zeit der Freiheit, der Reisen und der gemeinsamen Freuden sein. Wie sah es mit meinen anderen Kindern aus? Konnte ich erwarten, daß sie Verständnis für die mögliche Veränderung unseres Lebens aufbrachten? Wären sie bereit, Opfer zu bringen?

Ich flehte zu Gott um Klarheit. Was war sein Wille? Wußte er wirklich um meine Lage? Wollte er wirklich, daß dieses Baby geboren wurde?

In jenen Wochen kam meine ganze Menschlichkeit heraus. Vielleicht sollte ich die Fruchtwasseruntersuchung doch durchführen lassen? Dann wüßte ich wenigstens Bescheid und käme innerlich zur Ruhe. Doch was wäre, wenn der Test positiv ausfiele? Würde ich dann der Versuchung nachgeben und den einfachsten Weg wählen? Man würde gewiß Druck auf mich ausüben, um mich zum Schwangerschaftsabbruch zu bewegen.

In all diesen Kämpfen gab Gott mir Antwort durch sein Wort. Eine Garantie, daß alles so ausgeht, wie ich es mir wünsche, gibt es nicht, wohl aber die Zusage Gottes, daß er uns in jeder Lage durchbringen wird.

In Jesaja 43,2 heißt es nicht, daß uns Wasser und Feuer immer erspart bleiben, vielmehr wird uns gesagt, daß der Herr bei uns ist, wenn wir durchs Wasser gehen und daß wir nicht versengt werden, wenn wir durchs Feuer gehen.

Ich wußte, daß ich mich in dieser Sache auf nichts anderes als auf Gottes Wort verlassen durfte. Allen weltlichen Ratschlägen gegenüber mußte ich mich taub stellen. *„Denn du bildetest meine Nieren. Du wobst mich in meiner Mutter Leib. Nicht verborgen war mein Gebein vor dir, als ich gemacht wurde im Verborgenen, gewoben in den Tiefen der Erde. Meine Urform sahen deine Augen. Und in dein Buch waren sie alle eingeschrieben, die Tage, die gebildet wurden, als noch keiner von ihnen da war" (Psalm 139,13, 15-16).*

Gott war mein Baby schon vor Grundlegung der Welt bekannt. Er kannte den genauen Zeitpunkt seiner Empfängnis. Er wußte auch von den Medikamenten, die ich eingenommen hatte. Er kannte mein Alter, meine Kinder und die Zukunftspläne, die Warren und ich entworfen hatten. Dieses fünfte Kind war ein besonderes Geschenk Gottes an unsere Familie. Wer war ich, mit meinem beschränkten Wissen und meiner mangelnden Voraussicht, daß ich die Wege des ewigen Gottes in Frage stellte?

Es ist nicht Gottes Absicht, daß behinderte Babys geboren werden. Er ist kein grausamer Gott, der wünscht, daß wir leiden. Er möchte vielmehr, daß wir ihm glauben und fest darauf vertrauen, daß er unser Leben lenkt. In meinem Fragen nach dem Willen Gottes las ich Jeremia 29,11, wo so wunderbar vom allumfassenden Willen und Wissen Gottes die Rede ist: "Denn ich kenne ja die Gedanken, die ich über euch denke, spricht der Herr, Gedanken des Friedens und nicht zum Unheil, um euch Zukunft und Hoffnung zu gewähren."

Jetzt begriff ich, daß es nicht der Schwangerschaftsabbruch war, vor dem ich Angst hatte, denn daß dieser Entschluß falsch wäre, wußte ich genau. Im Grunde ging es um meine Bereitschaft, Gott vollkommen zu vertrauen. War ich bereit, ihm mein Leben und das Wohlergehen unseres Babys anzuvertrauen? Wieder einmal war mein Glaube gefragt. Ich mußte meinen starken Willen ausliefern und ihn dem Willen Gottes unterordnen. Es ging darum, seiner Verheißung zu glauben, wonach *"denen, die Gott lieben, alle Dinge zum Guten mitwirken" (Römer 8,28)*.

Gott übte mich wieder einmal im Loslassen. Ich sollte mich selbst und das Leben meines Babys dem Herrn für seine Zwecke überlassen. Hatte ich diese Lektion nicht schon oft genug gelernt? Daß meine anderen vier Kinder nicht mir selbst gehörten, wußte ich, doch dieses Kind war noch gar nicht auf der Welt. War das nicht ein Unterschied? Ich glaube nein. Namenlos und noch nicht voll ausgebildet, war es doch schon sein Kind, sein vor Grundlegung der Welt von ihm geplantes Geschöpf *(Epheser 1,4)*.

Jesus, der mir in anderen Kämpfen zur Seite gestanden hatte, hat mich auch diesmal nicht allein gelassen. Er, der meine Tränen und jedes meiner unbedachten Worte kennt, hat mir den Frieden zurückgegeben, nach dem ich mich so verzweifelt gesehnt habe.

Er zeigte mir, daß seine eigene Mutter viele der Empfindungen und Konflikte durchlebt haben muß, die mir jetzt zu schaffen machten. Auf die Nachricht, daß sie ein Kind bekommen würde, hatte sie jedoch mit den Worten reagiert: *"Siehe, ich bin die Magd des Herrn; es geschehe mir nach deinem Wort" (Lukas 1,38)*.

Als der Engel ihr erschien, war sie bestürzt und voller Furcht. Da sagte der Engel zu ihr: *"Fürchte dich nicht, Maria, denn du hast Gnade bei Gott gefunden" (Lukas 1,30)*. Gott war im Begriff, einen Segen auf sie zu legen, von dem die ganze Welt profitieren würde. Doch die Tatsache, daß Maria besonders begnadet war, bedeutete nicht, daß ihr jeglicher Kummer erspart bleiben würde. Am Beschneidungstag Jesu prophezeite Simeon ihr, daß ein Schwert ihre Seele durchdringen würde *(Lukas 2,35)*.

"Es geschehe mir nach deinem Wort." Diese Worte Marias habe ich inzwischen zu meinen eigenen gemacht. Zwar verstehe ich die Wege Gottes für mein Leben nicht; ich brauche sie aber auch gar nicht zu verstehen. Ich weiß mein Leben und das Leben des Ungeborenen in den Händen eines liebenden Vaters, der nur das Beste für unsere ganze Familie im Sinn hat.

Nachdem Frieden in mir eingekehrt war und ich ein völliges Ja zu meiner Situation gefunden hatte, hielt ich mich an Gottes Weisung, Gutes und Positives zu denken. Der Arzt mit seinem beschränkten

Wissen stellte lediglich Vermutungen an. Er wußte nicht mit Sicherheit, daß etwas nicht stimmte mit meinem Baby und gab lediglich Erlerntes weiter. Die Hoffnung bestand nach wie vor, ein völlig gesundes Kind zu bekommen.

Die große Neuigkeit

Als feststand, daß ich ein Baby bekam, war die Neuigkeit bald im ganzen Ort und in der Gemeinde bekannt. "Elise ist schwanger!" Warren zeigte sich hocherfreut über die Tatsache, mit 42 noch einmal Vater zu werden. Er war stolz auf mein Bäuchlein. Viele Leute freuten sich mit uns, und nur wenige wissen etwas von dem inneren Aufruhr, in dem wir uns befunden haben.

Unseren Kindern war natürlich unbegreiflich, wie ihren Eltern so etwas passieren konnte. Ihre erste Reaktion war komisch. Sie scheuten sich nicht, ihre Gefühle und ihren Frust offen zum Ausdruck zu bringen; und wir erlaubten es ihnen. Schließlich war das Baby ein Eindringling in die schon recht festen Bahnen ihres Lebens.

Paul mit seinen 17 Jahren dachte nur daran, was das für ihn persönlich bedeuten würde. Auf keinen Fall würde er sein Zimmer hergeben! "Aus ist es mit dem College und unserer Urlaubsfischerei! Ausgerechnet mir muß das passieren!" jammerte er.

Unser sechzehnjähriger David wiederholte ständig, während er im Zimmer auf und ab ging: "Wie konnte das passieren?" Worauf Warren antwortete: "Du weißt doch, wie es passiert ist, David. Soll ich es dir noch einmal erklären?"

"Bloß nicht. Ich weiß, wie es passiert ist, aber wie konnte euch das passieren?" Er konnte sich einfach nicht vorstellen, daß so etwas im Leben seiner Eltern vorkam.

Unsere vierzehnjährige Elisabeth war hocherfreut. Schon lange, seit meine Schwester ein Baby bekommen hatte, wünschte sie sich ein Schwesterchen. Letztes Jahr im Mai hatte sie mir die Sache vorgetragen - und eine klare Absage erhalten.

"Nun, wenn du selbst kein Baby haben willst, dann muß ich eben dafür beten", hatte sie geantwortet. Wer hätte gedacht, daß Gott ihr diesen Herzenswunsch erfüllen würde!

Auch Johnny freute sich. Er würde endlich nicht mehr der Jüngste sein in der Familie. Das Baby sollte natürlich an seinem Geburtstag im nächsten Monat zur Welt kommen - vor Aufregung hatte er ganz vergessen, daß es neun Monate dauerte.

Ständig kamen die Kinder mit neuen Fragen. Freunde und Lehrer wurden von der Neuigkeit unterrichtet. Dann endlich konnten sie sich selbst von dem neuen Leben in mir überzeugen. Immer wieder war es ein lustiges Vergnügen für sie, die Arm- und Beinbewegungen des Babys zu fühlen. Jeder Arztbesuch gab Anlaß zu vielen Gesprächen über unser Baby. Als sie die aufgezeichneten Herztöne mithören durften, als ich im fünften Monat war, hofften sie alle, zwei Herzchen schlagen zu hören, weil sie sich Zwillinge wünschten.

An unserem 19. Hochzeitstag überraschten uns die Kinder mit einem kunstvoll bemalten Schild. "Oopsy" stand darauf - zur Erinnerung an jene denkwürdige Unterhaltung, die David und ich im Wartezimmer des Arztes mit einer Mitpatientin geführt hatten.

"Ist das Ihr Sohn?" wollte sie wissen.

"Ja", antwortete ich.

"Und Sie sind schwanger?" entgegnete sie erstaunt. "Oh, das muß aber ein ‚Oopsy' (ein ‚Ausrutscher') gewesen sein!" David und ich mußten lachen. Seit jenem Tag hat unser Baby den Spitznamen "Oopsy".

Wir halten zusammen

Die Monate sind schnell verflogen. Jetzt sind es nur noch wenige Wochen, bis unser Baby das Licht dieser Welt erblickt. Wir mußten uns als Familie mit manchem auseinandersetzen. So haben wir in aller Offenheit mit unseren Kindern darüber gesprochen, daß dieses Kind behindert sein könnte. Wir haben mit ihnen über die Frage des Schwangerschaftsabbruchs diskutiert und sind dankbar für ihre Einsicht, daß unser Baby und alle ungeborenen Babys Geschöpfe Gottes sind. Sie sind bereit anzunehmen, was Gott uns geben wird. Die vergangenen Monate haben dazu beigetragen, daß wir als Familie noch näher zusammengerückt sind.

Meine Kinder haben einen neuen Blick für Babys bekommen. Oft wird jetzt mit dem einen oder anderen gespielt, oder sie nehmen ein quengelndes Kind auf den Arm und fragen mich, ob unser Baby wohl auch so schreien wird.

Mich sehen die Kinder ebenfalls mit neuen Augen. Sie sind hilfsbereiter geworden und sprechen mir immer wieder Mut zu. Eines Abends äußerte ich im Anschluß an die Schwangerschaftsgymnastik Bedenken, ob ich wohl in der Lage sein würde, die erlernte Atemtechnik durchzuhalten. David spürte wohl, daß ich Angst hatte, und sagte: "Mutti, du wirst es prima schaffen. Es ist wie beim Radfahren. Wenn du es einmal gelernt hast, kannst du es immer. Vergiß nicht, du hast es schon viermal hinter dir. Das fünfte Mal wird ein Klacks für dich sein!"

John hat eingewilligt, dem Baby sein eigenes Reich abzutreten und mit ins Zimmer seines älteren Bruders zu ziehen. Sie richten sich das Zimmer so ein, wie Teenager es mögen.

Unser Zuhause hat sich ziemlich verändert in letzter Zeit. Babywippe, Wiege, Hochstuhl, Kinderbettchen und Babykleidung - alles wartet auf Babys Ankunft. Die ganze Familie hat beim Einrichten des Kinderzimmers mitgeholfen.

Warren und ich haben Vorsorge getroffen, daß die Kinder gleich nach der Geburt dabei sind, um den Neuankömmling zu begrüßen und auf dem Arm zu halten. Diese Geburt betrifft uns schließlich alle!

Ich war mittendrin, dieses Buch zu schreiben, als sich herausstellte, daß ich ein Kind bekam. Die meisten Kapitel habe ich vom Standpunkt einer Mutter geschrieben, die diese Zeit hinter sich hat. Wenn ich jetzt über das Geschriebene nachdenke, fällt mir auf, daß ich wie jemand gesprochen habe, der mit Erfolg vier Kinder großgezogen hat. Jetzt aber muß ich an den Punkt zurückkehren, an dem sich viele Mütter heute befinden. Über Vergangenes zu berichten, war einfach. Ganz anders sieht die Sache aus, wenn man erneut betroffen ist.

Nach einer Zeit relativer Freiheit sehe ich mich jetzt dem gleichen Druck ausgesetzt, der so vielen Müttern zu schaffen macht. Auch das Geld spielt eine Rolle, wenn man vier Kinder hat, die bald ins studierfähige Alter kommen. Werden Warren und ich durchhalten und Gott zutrauen, daß er uns mit allem versorgt - so wie damals in unserer Studienzeit, als ich mich entschloß, um unserer beiden Kleinen willen nicht arbeiten zu gehen?

Werde ich versucht sein, mein Baby in der Obhut eines anderen zu lassen, während es mich nach Freiheit und Selbstentfaltung verlangt - vielleicht sogar im Dienst des Herrn? Irgendwie erscheint mir das heute akzeptabler als vor 18 Jahren.

Oft frage ich mich auch, ob ich diesem Kind die gleiche liebevolle Zuwendung geben kann wie den anderen. Werde ich bereit sein, meine Arbeit sofort zu unterbrechen, wenn das Baby nach mir verlangt? Das alles kostet Zeit. Ich frage mich auch, ob ich nicht inzwischen zu "kultiviert" geworden bin, um mit Decken und meinen Wohnzimmermöbeln eine "Bude" zu bauen oder zu erlauben, daß meine Kleinen auf dem Küchenfußboden mit meinen Lebensmitteldosen "Kaufmann" spielen. Werde ich die nötige Zeit finden, um all die Dinge in die Tat umzusetzen, die ich so viele Jahre hindurch propagiert habe?

Es ist eine grausame Welt, in die unser fünftes Kind hineingeboren wird. Ich weiß auch nicht mit Sicherheit, ob ich der Situation gewachsen sein werde. Eins aber weiß ich: Die Erziehungsgrundsätze, die wir bei unseren ersten vier Kindern angewandt haben, sind heute noch ebenso aktuell wie damals. Nichts hat sich im Grunde verändert, weil das Gebot, das Gott den Eltern gegeben hat, unveränderlich ist.

Ich habe miterleben dürfen, daß bewußt christliche Erziehung sich lohnt. Es ist nicht umsonst, wenn wir unsere Aufgabe als Mütter ernst nehmen. Jedes eingesetzte Quentchen Energie und jedes Opfer hat im Leben unserer vier Teenager Frucht getragen. Sie sind in der Lage, den Versuchungen um sie her zu widerstehen. Durch die Tatsache, daß Christus bei uns zu Hause regiert und ihm unser Leben gehört, haben sie gelernt, zwischen Gut und Böse zu unterscheiden.

Daß sich gewisse Befürchtungen einstellen, wenn man nach Jahren wieder ein Kind erwartet, ist ganz normal. Doch ich empfinde es auch als ein göttliches Vorrecht und eine Ehre, vor eine solche Aufgabe gestellt zu werden. Wieder einmal habe ich Gelegenheit, die Ideale zu verwirklichen, die Gott als junge Mutter in mich hineingelegt hat. Es wäre schwer, wenn ich die Aufgabe allein bewältigen und ohne die Hilfe meines großen Herrn auskommen müßte. Aber Jesus weiß um das Sehnen meines Herzens, und sein Heiliger Geist wird mir zu allem die nötige Kraft geben. Sein wunderbarer Segen erwartet mich!

Ein weiteres Buch von Elise Arndt:

Rund um die Uhr

Wieviel Zeit hat eine Mutter?
Edition C, Nr. F 21, 152 Seiten

»Ich hab doch so viel zu tun . . .«
Kennen Sie das auch? Vielleicht kämpfen Sie Tag für Tag mit Bergen von Hausarbeit oder versuchen, eine quengelnde Kinderschar zu bändigen. Auf jeden Fall haben Sie sicher weniger Zeit zur Verfügung als Ihnen lieb ist.

Die Autorin ist überzeugt, daß wir nur dann dem Zeitdruck entfliehen können und gute Mütter werden, wenn wir den Willen Gottes tun. Ihr Buch ist eine praktische Anleitung für vielbeschäftigte Mütter, ihre knapp bemessene Zeit sinnvoll einzuteilen.

Verlag der Francke-Buchhandlung GmbH
Marburg an der Lahn